职业教育·城市轨道交通类专业教材

U0649056

轨道工程测量
实训指导书

王劲松　主　编
王　珲　卢永波　副主编
李福星　主　审

人民交通出版社
北　京

内 容 提 要

轨道工程测量是一门实践性很强的课程,为提升教学效果,应坚持"工学结合、理实一体、学做交替、知行合一"的职业教育理念,将测量实训贯穿于课程教学的全过程。本实训指导书的内容包括测量实训基本要求和22个任务工单。在内容编排上,对接职业岗位典型工作任务的操作流程,以由浅入深、由易到难、由单一到综合为原则,提升动手操作技能和解决实际问题的能力。

本教材可作为轨道工程测量课程的配套实训指导书,也可作为独立的综合实训课程教材。为方便使用,本教材采用活页式形式。

图书在版编目(CIP)数据

轨道工程测量实训指导书/王劲松主编. —北京:
人民交通出版社股份有限公司,2025.8. —ISBN 978-7-114-20580-4

Ⅰ. U213.2

中国国家版本馆 CIP 数据核字第 2025PU6100 号

职业教育·城市轨道交通类专业教材
Guidao Gongcheng Celiang Shixun Zhidaoshu

书　　名:	轨道工程测量实训指导书
著 作 者:	王劲松
责任编辑:	司昌静
责任校对:	赵媛媛
责任印制:	张　凯
出版发行:	人民交通出版社
地　　址:	(100011)北京市朝阳区安定门外外馆斜街 3 号
网　　址:	http://www.ccpcl.com.cn
销售电话:	(010)85285911
总 经 销:	人民交通出版社发行部
经　　销:	各地新华书店
印　　刷:	北京科印技术咨询服务有限公司数码印刷分部
开　　本:	787×1092　1/16
印　　张:	6.75
字　　数:	160 千
版　　次:	2025 年 8 月　第 1 版
印　　次:	2025 年 8 月　第 1 次印刷
书　　号:	ISBN 978-7-114-20580-4
定　　价:	29.00 元

(有印刷、装订质量问题的图书,由本社负责调换)

前·言

Preface

  "轨道工程测量"是一门实践性很强的课程，为提升教学效果，要坚持"工学结合、理实一体、学做交替、知行合一"的职业教育理念，应将测量实训贯穿于课程教学的全过程。本教材可与人民交通出版社出版的《轨道工程测量》（第2版）（ISBN 978-7-114-19312-5）配套使用，也可作为工程测量课程的实训教材单独使用。

  本实训指导书的内容包括测量实训基本要求和22个任务工单。为便于开展实训教学，实训任务在内容安排上，对接职业岗位典型工作任务的操作流程，以由浅入深、由易到难、由单一到综合为原则，达到岗课赛证融通的目的，提升学生动手操作技能以及解决实际问题的能力，实训过程中弘扬劳模精神、劳动精神、工匠精神，培养具有家国情怀的交通行业大国工匠。

  本实训指导书由广东交通职业技术学院王劲松教授担任主编，由广东交通职业技术学院王珲副教授、中国铁建港航局集团有限公司卢永波高级工程师担任副主编，由广东省测绘工程有限公司注册测绘师李福星担任主审。

  具体编写分工：任务工单8~15、21、22由王劲松编写，测量实训基本要求、任务工单1~7由王珲编写，任务工单16~20由卢永波编写。全书由王劲松统稿。

  由于编者水平和经验有限，书中难免存在疏漏和不当之处，敬请广大读者提出宝贵意见，以便修订完善。反馈邮箱：591914728@qq.com。

作　者

2025年3月

目·录
Contents

测量实训基本要求 …………………………………… 001

任务工单 1 自动安平水准仪的认识与使用 ………… 004

任务工单 2 闭合水准路线测量 …………………… 008

任务工单 3 自动安平水准仪的检验 ……………… 013

任务工单 4 全站仪的安置与使用 ………………… 018

任务工单 5 水平角测量(测回法) ………………… 022

任务工单 6 竖直角测量 …………………………… 026

任务工单 7 闭合导线测量 ………………………… 030

任务工单 8 交会测量 ……………………………… 035

任务工单 9 四等水准测量 ………………………… 039

任务工单 10 三角高程测量 ………………………… 044

任务工单 11 GNSS 静态控制测量 ………………… 048

任务工单 12 用全站仪进行点位测定与点位放样 … 052

任务工单 13 用 GNSS-RTK 坐标采集与放样 …… 056

任务工单 14 用全站仪进行数字地形图测绘 ……… 060

任务工单 15 基于 GNSS 的数字地形图测绘 …… 063

任务工单 16 单圆曲线的主点测设 ………………… 067

任务工单 17 单圆曲线的详细测设 ………………… 071

任务工单 18 加缓和曲线后曲线主点的测设 ……… 076

任务工单 19 加缓和曲线后曲线的详细测设 ……… 080

任务工单 20 线路纵横断面测量(全站仪法) ……… 085

任务工单 21 高铁 CPⅢ平面控制测量 …………… 089

任务工单 22 高铁 CPⅢ高程控制测量 …………… 094

参考文献 ……………………………………………… 100

测量实训基本要求

为规范实训教学管理,科学开展轨道工程测量实训任务,培养一丝不苟的安全意识、踏实诚信的劳动态度、精益求精的工匠精神、团结协作的职业精神,对轨道工程测量实训的实施过程提出如下基本要求。

一、测量实训规定

(1)在开展测量实训之前,学习主教材《轨道工程测量》中的相关内容,阅读任务工单,熟悉任务工单中的相关任务,并根据实训指导教师的安排,做好任务准备。做到明确任务目标与要求、熟悉实训步骤、了解有关注意事项等。

(2)实训分若干小组,每组设组长1名,实行组长负责制,组长负责活动组织、仪器借领和归还。

(3)实训课不得无故缺席或迟到早退;应在指定的场地开展实训,不得擅自改变地点或离开现场。

(4)严格遵守"测量仪器工具的借领与使用规则"和"测量记录与计算规则"。

(5)服从教师的指导和组长的安排,认真仔细地操作,提升独立工作能力,培养严谨求实的科学态度、团结协作的工作作风。完成实训任务后,经指导教师审阅,方可交还仪器,结束实训,完成实训报告。

(6)实训过程中,应遵守纪律和操作规程,爱护仪器设备,爱护现场的花草树木和农作物,爱护场地周围的各种公共设施,若有损坏,应予赔偿。

二、测量仪器工具的借领与使用规则

1. 测量仪器工具的借领

(1)在教师指定的地点办理仪器工具借领手续,以小组为单位领取。

(2)借领时应当场清点检查实物与清单是否相符、仪器工具及其附件是否齐全、背带及提手是否牢固、脚架是否完好等。

(3)离开借领地点之前,必须锁好仪器箱并捆扎好各种工具;搬运仪器工具时,必须轻取轻放,避免剧烈震动。

(4)借出仪器工具之后,不得与其他小组擅自调换或转借。

(5)实训结束后,应及时收装仪器工具,送还借领处检查验收,消除借领手续。如有遗失或损坏,应提交书面说明,并予赔偿。

2. 测量仪器使用注意事项

(1)测量仪器是精密仪器,一定要细心使用和科学保养,使用中严格遵守操作规程。

(2)携带仪器时,应注意检查仪器箱盖是否关紧锁好,拉手、背带是否牢固。

（3）打开仪器箱之后，要看清并记住仪器在箱中的安放位置，以便装箱时正确归位。

（4）取出仪器之前，应先松开制动螺旋。安全取出仪器后，放在三脚架上，保持一手握住仪器，一手去拧连接螺旋，最后旋紧连接螺旋，使仪器与脚架连接牢固。

（5）取出仪器之后，要即时关上仪器箱盖，防止灰尘和湿气进入箱内。仪器箱上严禁坐人。

（6）在野外使用仪器时，应该撑伞，严防仪器被日晒雨淋。

（7）仪器必须有人看护，确保仪器不离人，切勿将仪器靠在墙边或树上，以防损坏。

（8）若发现透镜表面有灰尘或其他污物，应先用软毛刷轻轻拂去，再用镜头纸擦拭，严禁用手帕、粗布或其他纸张擦拭，以免损坏镜头。

（9）各种螺旋不要旋到顶端，要均匀用力，勿扭过紧以免损伤螺纹。

（10）转动仪器时，应先松开制动螺旋；使用微动螺旋时，应先旋紧制动螺旋；动作要准确、轻捷，用力要均匀。

（11）对尚未了解性能的仪器及部件，未经指导教师许可，不得擅自操作。

（12）仪器装箱时，要放松各制动螺旋，装入箱后先试关一次，在确认归位正确后，再拧紧各制动螺旋，以免仪器在箱内晃动受损，最后关箱上锁。

（13）对于电子测量仪器，更换电池时，应先关闭仪器的电源；装箱之前，要先关闭电源。

（14）仪器搬站时，对于长距离或难行地段，应将仪器装箱后搬站；对于短距离和平坦地段，先收拢脚架，一手握仪器基座，一手握脚架，竖直地搬移，严禁搬移时横扛仪器。

3. 测量工具使用注意事项

（1）水准尺、标杆禁止横向受力，以防弯曲变形。作业时，水准尺、标杆应由专人认真扶直，不准贴靠树上、墙上或电线杆上，注意不能磨损尺面分划和漆皮。

（2）使用钢尺、皮尺时，应防止扭曲、打结、折断、受潮；用完尺，应及时擦净。

（3）使用小件工具，如垂球、测钎、尺垫等时，应用完即收，防止遗失。

（4）全站仪使用的反光镜表面若有灰尘或其他污物，应先用软毛刷轻轻拂去，再用镜头纸擦拭，严禁用手帕、粗布或其他纸张擦拭，以免损坏镜面。

三、测量记录与计算规则

（1）所有测量观测记录，均使用硬性铅笔（2H 或 3H）；熟悉记录表中各项内容的填写与计算方法；记录观测数据之前，应将仪器型号、日期、天气、测站、观测者及记录者姓名等填写齐全。

（2）观测者读数后，记录者应随即在记录表的相应栏内填写，并复诵回报，以防听错、记错；不得另纸记录事后转抄。

（3）记录字体端正清晰，字的大小一般占格宽的一半左右，留出空隙供改正错误时用。

（4）数据要全，不能省略零位。如水准尺读数 1.300 和度盘读数 30°00′00″中的"0"，均应填写。

（5）角度观测，秒值读记错误，不得更改，应重新观测；度、分读记错误可在现场更正，但水平角同一方向盘左、盘右不得同时更改相关数字，竖直角观测在各测回中不得连环更改。

（6）距离测量和水准测量中，厘米及以下数值不得更改，应重新观测；米和分米的读记错误，在同一距离、同一高差的往、返测或两次测量的相关数字不得连环更改。

（7）更正错误时，应将错误数字、文字整齐划去，在上方另记正确数字和文字。对划改的数字和超限划去的成果，均应注明原因。

（8）数据取整，按"四舍六入五凑偶"的规则进行，即：逢4及以下，舍；逢6及以上，入；逢5时，是舍还是入主要看取整后能否凑成偶数。如数据1.1235和1.1245进位均为1.124。

任务工单1　自动安平水准仪的认识与使用

班级：_____　小组号：_____　组长姓名(学号)：_____

组员姓名(学号)：_____

一、任务目标

1. 能熟练掌握自动安平水准仪的架设、整平、照准、读数。
2. 能使用自动安平水准仪测定地面两点之间的高差。
3. 树立爱护和规范操作测量仪器设备的意识；提高小组成员沟通交流、团结合作能力。

二、实训任务

在地面设置距离约为 30m 的两个高程点，编号为 BM_1、BM_2，分别竖立一根水准尺。以小组为单位，在两点完成水准仪的架设、整平、照准、读数，观测高差，并规范记录与计算。填写(表 1-1)。小组内每人可独立完成 1 遍。

任务分工表　　　　　　　　　　　　　　　　表 1-1

序号	观测员	记录员、计算员	立尺员	示意图

三、仪器设备

每组配 DS_3 自动安平水准仪 1 台、水准尺 2 把、记录板 1 块、测伞 1 把、铅笔 1 支等。

四、操作步骤

1. 测站选择。各组选择测站时，通过目测确保前后视距大致相等，并避免互相干扰。
2. 架设仪器。将三脚架张开，使其高度适当，架头大致水平，并将脚尖踩入土中。再开箱取出仪器，将其固连在三脚架上。
3. 整平仪器。先用双手同时向内(或向外)转动一对脚螺旋，使圆水准器气泡移动到中间(即移动到一对脚螺旋连线的垂直平分线上),再转动另一只脚螺旋使气泡居中,此操作通常需要进行多次,直到气泡完成居中。注意气泡移动的方向,与左手拇指或右手食指运动的方向是一致的。

4.照准。转动仪器,用准星器粗略瞄准立于BM_1点的水准尺,固定制动螺旋,用微动螺旋使水准尺位于视场中央;转动目镜对光螺旋进行对光,使十字丝分划清晰,再转动物镜对光螺旋看清水准尺影像;转动水平微动螺旋,使十字丝纵丝靠近水准尺一侧,若存在视差,则应仔细进行物镜对光予以消除。

5.读数。用中丝读数在水准尺上读取4位数,即米、分米、厘米及毫米数,其中毫米数是估读数,一次性读出4位数,并记录在表格相应位置。

6.转动仪器,瞄准立于BM_2点的水准尺,同样方法读出BM_2点的水准尺读数。

7.填写水准仪测量记录表,并计算两点间高差。

五、注意事项

1.水准仪是精密仪器,在安装和拆卸过程中要保持大致水平,严禁将水准仪上下倒置。

2.各螺旋拧紧时松紧要适度,注意仪器制动后不能强行转动望远镜。

3.水准尺要保持铅垂,确保尺子侧面的小气泡居中后方可读数。立水准尺时零点位于地面,不可上下颠倒。

4.操作仪器时,除手指外,身体的其余部分均不得接触仪器和三脚架,保证仪器时刻处于水平状态。不得跨脚架观测。

六、实训记录

在实训任务实施过程中,请填写表1-2。

水准仪测量记录表　　　　　　　　表1-2

组别:_____　观测者:_____　记录者:_____　日期:_____年____月____日

序号	点号	后视读数	前视读数	高差(m) +	高差(m) −	高程
1	BM_1		—			
	BM_2	—				
2	BM_1		—			
	BM_2	—				
3	BM_1		—			
	BM_2	—				
4	BM_1		—			
	BM_2	—				

七、评价反馈

完成实训任务后,请完成小组学生自评表和指导教师评价表,见表1-3和表1-4。

小组学生自评表 表1-3

任务名称				小组号	
序号	检查项目	分值	要求		自我评分
1	任务完成情况	40	按要求按时完成实训任务		
2	实训记录	20	记录规范、完整		
3	实训纪律	15	不在实训场地打闹,无事故发生		
4	团队合作	15	服从组长安排且小组成员间配合好		
5	规范使用仪器设备	10	爱护仪器设备,并能规范使用		
自我评分合计					
评价与反思: 组长:					

指导教师评价表 表1-4

序号	评价内容	分值	要求	教师评分
1	仪器操作规范性	20	规范使用仪器,无违规操作	
2	记录规范性	20	规范记录数据,规范划改,手簿整洁	
3	成果精度	40	精度满足要求,并在规定时间内完成	
4	仪器设备归位	10	仪器设备摆放整齐,无损坏或遗失	
5	实训态度	10	态度认真,提前完成课前相关实训准备	
教师评分合计				
评价与建议: 指导教师:				

八、课后拓展

请实训课后完成以下测试题。

1. 水准仪由＿＿＿＿＿＿＿＿＿＿、＿＿＿＿＿＿＿＿＿＿＿、＿＿＿＿＿＿＿＿＿＿＿组成。

2. 如图 1-1 所示，水准仪圆水准气泡操作方法是否正确？试叙述原因。

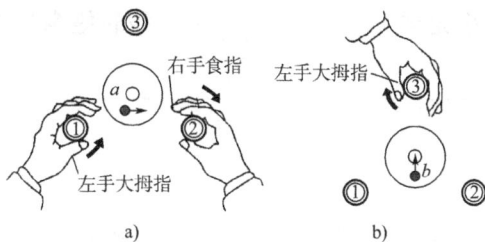

图 1-1 圆水准器气泡居中操作示意图

3. 什么是视差？图 1-2 中＿＿＿＿＿＿＿有视差，＿＿＿＿＿＿＿无视差。

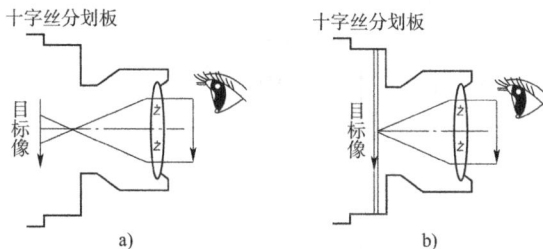

图 1-2 视差

任务工单 2　闭合水准路线测量

班级：_____　小组号：_____　组长姓名(学号)：_____

组员姓名(学号)：_____

一、任务目标

1.熟悉水准路线的布设形式;熟悉普通(又称等外)水准测量的主要技术指标。

2.能使用自动安平水准仪进行普通水准测量的观测、记录和计算;能通过步测确定转点位置。

3.树立爱护和规范操作测量仪器设备的意识;提高小组成员集体配合、协调作业的能力;养成自主探究的学习习惯。

二、实训任务

1.每组围绕校园内一栋建筑物,完成一条由 4 个(或 4 个以上)点组成的闭合水准路线的观测任务。如图 2-1 所示,在地面上选定 1、2、3 三个点作为待定高程点,BM 为已知高程点,$H_{BM} = 50.000$m。要求按普通水准精度施测,求点 1、2、3 的高程。

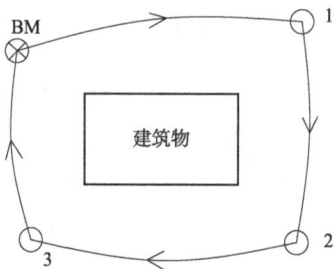

图 2-1　闭合水准路线测量示意图

2.以小组为单位,小组成员轮流进行观测、记录、计算和立尺工作。填写表 2-1。

任务分工表　　　　表 2-1

序号	观测员	记录员、计算员	立尺员	示意图

3. 对外业观测数据进行高差闭合差的调整和高程计算。

三、仪器设备

每组配 DS₃ 自动安平水准仪 1 台、水准尺 2 把、尺垫 2 个、记录板 1 块、测伞 1 把、铅笔 1 支等。

四、操作步骤

1. 选定路线。各组确定起始点及水准路线的前进方向。尽量每人观测 1 测段、记录 1 测段、立尺 1~2 测段。

2. 每站观测。立尺员立直水准尺，已知高程点和待测高程点上，不能放置尺垫；非坚硬地面的转点上要放置尺垫。观测员安置仪器，使每站前、后视距尽量相等；整平后照准后视尺，读取中丝读数，记录员复报并记入记录表中；再照准前视尺，读取中丝读数，复报并记入表格，数据读取 4 位，当场计算本站高差。经检核无误后可搬至下一测站。

3. 仪器迁站。观测员收拢三脚架，一只手托仪器，另一只手握住三脚架使仪器保持铅垂状态，进行迁站。前视尺不能移动，后视尺必须得到观测员同意后方可迁往下站前视点。

4. 成果检查。重复上述观测步骤，直至到达终点。计算高差闭合差 f_h，若 $f_h \leq f_{h容}$，则观测成果合格，可进行误差分配，计算出 1、2、3 点的高程；否则，应分析原因后返工重测。高差闭合差的允许值为：

$$\begin{cases} f_{h容} = \pm 40\sqrt{L} & (L \text{ 为水准路线全长，单位：km；} f_{h容} \text{ 的单位：mm}) \\ f_{h容} = \pm 12\sqrt{N} & (N \text{ 为测站数，单位：个；} f_{h容} \text{ 的单位：mm}) \end{cases}$$

五、注意事项

1. 水准尺必须立直。尺子若向左或右倾斜，观测者易根据纵丝发觉，但尺子向前或后倾斜，观测者不易发觉，故立尺者更应注意水准尺是否处于立直状态，且更要注意不能前后倾斜。

2. 外业观测不准用钢笔、圆珠笔记录，严禁涂改转抄，如有错误要规范划改。

3. 仪器迁站时，应保持前视尺垫不动。在已知高程点和待测高程点上，不能放置尺垫。

4. 如有必要，每测站可以变换仪器高，观测两次并计算高差。同一测站两次仪器高所测高差之差应小于 ±5mm，若符合要求，取其平均值作为平均高差。

六、实训记录

1. 在实训任务实施过程中，请填写表 2-2。

普通水准测量记录表

表 2-2

日期：_____年___月___日 天气：_____ 仪器型号：_____ 组别：_____

观测者：_____ 记录者：_____ 立尺者：_____

测点	水准尺读数(m)		高差 h(m)		高程(m)	备注
	后视读数	前视读数	+	−		
		—	—	—		起点高程设为 50.000m
	—					
			—	—		
Σ						
计算校核	$\sum a - \sum b =$		$\sum h =$			

2. 完成高程平差计算,填写表 2-3。

水准测量高程平差计算   表 2-3

点号	距离(km) 或测站数(个)	实测高差(m)	改正数(mm)	改正后高差(m)	高程(m)
辅助计算					

七、评价反馈

完成实训任务后,请完成小组学生自评表和指导教师评价表,见表 2-4 和表 2-5。

小组学生自评表   表 2-4

任务名称				小组号	
序号	检查项目	分值	要求		自我评分
1	任务完成情况	40	按要求按时完成实训任务		
2	实训记录	20	记录规范、完整		
3	实训纪律	15	不在实训场地打闹,无事故发生		
4	团队合作	15	服从组长安排且小组成员间配合好		
5	规范使用仪器设备	10	爱护仪器设备,并能规范使用		
自我评分合计					
评价与反思:					
组长:					

指导教师评价表 表2-5

序号	评价内容	分值	要求	教师评分
1	仪器操作规范性	20	规范使用仪器,无违规操作	
2	记录规范性	20	规范记录数据,规范划改,手簿整洁	
3	成果精度	40	精度满足要求,并在规定时间内完成	
4	仪器设备归位	10	仪器设备摆放整齐,无损坏或遗失	
5	实训态度	10	态度认真,提前完成课前相关实训准备	
教师评分合计				

评价与建议:

指导教师:

八、课后拓展

请实训课后完成以下测试题。

1. 水准测量外业观测过程中,如果发现圆气泡偏离,则应＿＿＿＿＿＿＿＿＿＿＿＿＿＿。

    A.继续观测   B.完成本测站观测后重新整平

    C.整平后重新观测本测站

2. 在普通水准测量中,下列＿＿＿＿＿＿＿项读数记录是正确的。

    A.1.352   B.1.35   C.13.52

3. 水准测量一站观测时,要注意尽量使前、后视尺的距离大致相等,为什么?试画草图说明。

任务工单 3　自动安平水准仪的检验

班级：＿＿＿＿＿＿＿＿　小组号：＿＿＿＿＿＿＿＿　组长姓名(学号)：＿＿＿＿＿＿＿＿

组员姓名(学号)：＿＿＿＿＿＿＿＿＿＿＿＿＿＿＿＿＿＿＿＿＿＿＿＿＿＿＿＿＿＿

一、任务目标

1. 熟悉自动安平水准仪的基本构造,理解水准仪各轴线应满足的条件。
2. 能进行自动安平水准仪的检验。
3. 熟悉水准仪的使用条件,能够利用所学知识和方法正确地判断仪器是否需要校正。

二、实训任务

1. 完成自动安平水准仪一般性检验。
2. 完成圆水准器、十字丝横丝、补偿器性能与 i 角误差检验。填写表 3-1。小组成员应配合完成。

任务分工表　　　　　　　　　　　　　　　　　　　表 3-1

序号	检验项目	观测员、检验员	立尺员、辅助员	检查员	示意图

三、仪器设备

每组配 DS₃自动安平水准仪 1 台、水准尺 2 把、尺垫 2 个、钢尺 1 把、记录板 1 块、测伞 1 把、铅笔 1 支等。

四、操作步骤

1. 一般性检验。检查制动螺旋、微动螺旋、脚螺旋是否有效;望远镜成像是否清晰;仪器能否正常使用等。

2. 圆水准器检验。整平仪器,使圆水准器气泡居中,将望远镜旋转 180°,若气泡仍居中,说明此项条件已得到满足;若气泡偏出分划圈外时,则需要校正。

3. 十字丝横丝检验。仪器整平后,用横丝一端瞄准远处一固定点 P,慢慢转动微动螺旋,观察 P 点移动,若 P 点始终在十字丝横丝上移动,则不需校正;若 P 点不在横丝上移动,而发生偏离,如图 3-1c)、d)所示,则需要校正。

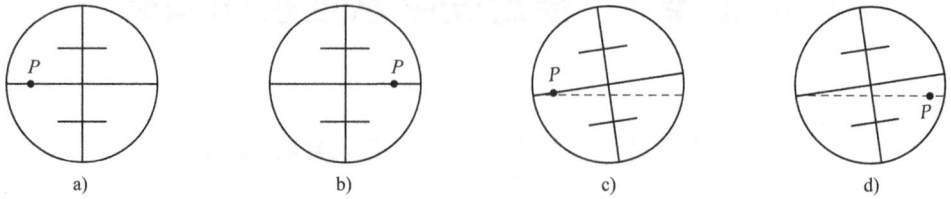

图 3-1 十字丝横丝的检验操作示意图

4. 补偿器性能检验。只有自动安平水准仪需要此项检校。当自动安平水准仪长期未使用时,再次使用前应检查补偿器是否失灵。转动视准轴正下方的脚螺旋使仪器倾斜,若警告指示窗两端分别出现红色,再反转脚螺旋,使仪器水平,若能由红色转为绿色,则说明补偿器灵敏。

5. i 角误差检验。

(1)在平坦的地面上选择 A、B、C 三点,并使其大致在同一条直线上,且使 $AC=CB$,A、B 相距 $60\sim80$m,如图 3-2 所示。

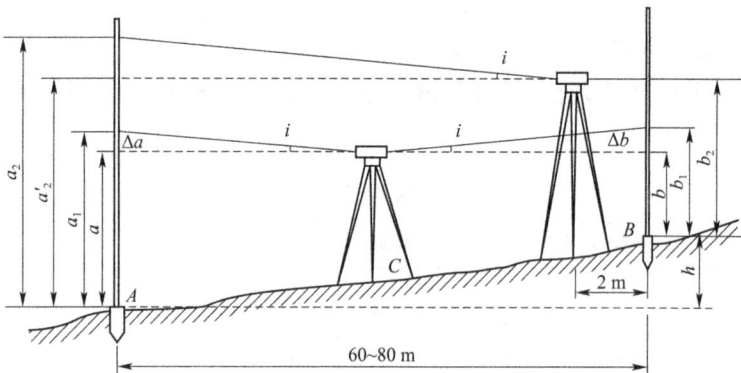

图 3-2 i 角误差检验

(2)在 A、B 两点处分别打下木桩或安放尺垫,并在木桩或尺垫上竖立水准尺。将水准仪架设于 C 点,整平后分别读取 A、B 两点上的水准尺读数,读数为 a_1、b_1,则:

$$h_{AB正}=a_1-b_1=(a+\Delta a)-(b+\Delta b)=a-b$$

一般应用两次仪器高法,所测结果满足要求,取高差平均值作为两点间的正确高差。

(3)将仪器搬至 B 点附近(距 B 点 $2\sim3$m),此时前后视距相差较大,整平后分别读取 A、B 两点上的水准尺读数,读数为 a_2 和 b_2,高差 $h'_{AB}=a_2-b_2$。

若 $h'_{AB}=h_{AB正}$,说明不存在 i 角误差;若 $h'_{AB}\neq h_{AB正}$,说明存在 i 角误差,其值为:

$$i''=\frac{\Delta h}{D_{AB}-d}\rho''$$

式中:$\Delta h=h'_{AB}-h_{AB正}$;

D_{AB}——A、B 两点间的距离(m);

ρ''——取 $206265''$。

五、注意事项

1. 在进行自动安平水准仪各个项目检验前,应认真整平仪器。

2. 检验过程中,旋转螺旋要小心,不可速度过快或者用力过大。

3. 进行 i 角检验时,要仔细测量,保证精度,才能把仪器误差与观测误差区分开来。

六、实训记录

1. 一般性检验。请填写表3-2。

一般性检验记录表 表3-2

检验者:_____ 记录者:_____ 仪器型号:_____ 日期:_____年____月____日

序号	检验项目	检验结果	备注
1	制动螺旋与微动螺旋是否有效		
2	目镜调焦螺旋是否有效		
3	物镜调焦螺旋是否有效		
4	脚螺旋是否有效		
5	望远镜成像是否清晰		
6	其他		

2. 圆水准器检验。请填写表3-3。

圆水准器检验记录表 表3-3

检验者:_____ 记录者:_____ 仪器型号:_____ 日期:_____年____月____日

序号	检验(旋转180°)次数	气泡偏离情况	检验者	备注
1				
2				
3				

3. 十字丝横丝检验。请填写表3-4。

十字丝横丝检验记录表 表3-4

检验者:_____ 记录者:_____ 仪器型号:_____ 日期:_____年____月____日

序号	检验次数	P 点偏离情况	检验者	备注
1				
2				
3				

4. 补偿器性能检验。请填写表3-5。

补偿器性能检验记录表　　　　表 3-5

检验者：_____　记录者：_____　仪器型号：_____　日期：_____年____月____日

序号	检验次数	补偿情况(能否补偿)	检验者	备注
1				
2				
3				

5. i 角误差检验。请填写表 3-6。

i 角误差检验记录表　　　　表 3-6

观测者：_____　记录者：_____　立尺者：_____　日期：_____年____月____日

仪器位置	立尺点		水平距离（m）	水准尺读数（m）	高差（m）	平均高差（m）	i 角	是否要校正
仪器在 A、B 点中间位置 C	A							
	B							
	变更仪器高后	A						
		B						
仪器在离 A（或 B）点约 2m 的位置	A							
	B							
	变更仪器高后	A						
		B						

七、评价反馈

完成实训任务后，请完成小组学生自评表和指导教师评价表，见表 3-7 和表 3-8。

小组学生自评表　　　　表 3-7

任务名称				小组号	
序号	检查项目	分值	要求		自我评分
1	任务完成情况	40	按要求按时完成实训任务		
2	实训记录	20	记录规范、完整		
3	实训纪律	15	不在实训场地打闹，无事故发生		
4	团队合作	15	服从组长安排且小组成员间配合好		
5	规范使用仪器设备	10	爱护仪器设备，并能规范使用		
			自我评分合计		
评价与反思：					
组长：					

指导教师评价表　　　　　　　　　表3-8

序号	评价内容	分值	要求	教师评分
1	仪器操作规范性	20	规范使用仪器,无违规操作	
2	记录规范性	20	规范记录数据,规范划改,手簿整洁	
3	成果精度	40	精度满足要求,并在规定时间内完成	
4	仪器设备归位	10	仪器设备摆放整齐,无损坏或遗失	
5	实训态度	10	态度认真,提前完成课前相关实训准备	
教师评分合计				

评价与建议:

指导教师:

八、课后拓展

请实训课后完成以下测试题。

1. 请按照检验项目进行的先后排序,用阿拉伯数字注明在(　　)内。

(　　)i角误差检验。

(　　)检查制动螺旋、微动螺旋、脚螺旋是否有效;望远镜成像是否清晰。

(　　)十字丝横丝检验。

(　　)圆水准器检验。

2. 水准测量时,前后视距相等可消除哪些误差?请绘草图说明。

任务工单 4　全站仪的安置与使用

班级：＿＿＿＿＿＿＿　小组号：＿＿＿＿＿＿＿　组长姓名(学号)：＿＿＿＿＿＿＿＿

组员姓名(学号)：＿＿＿＿＿＿＿＿＿＿＿＿＿＿＿＿＿＿＿＿＿＿＿＿＿

一、任务目标

1. 熟悉全站仪的构造。
2. 能独立完成全站仪的安置和参数设置。
3. 掌握全站仪照准、读数的方法。

二、实训任务

1. 在地面做出点位标记。如图 4-1 所示,尺寸约 5cm×5cm 的正方形,提前打印在 A4 纸上,使用时沿虚线剪开作为点位标记。要求十字的线要细直,十字交点清晰,用胶带将点位标记固定于地面。

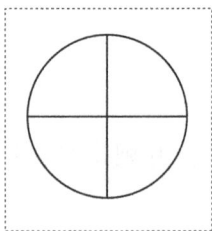

图 4-1　点位标记示意图

2. 每组成员完成全站仪的安置、照准、读数工作各一次,安置完成后,由同组另一成员检查。填写表 4-1。小组成员应配合完成。

任务分工表　　　　　　　　　　　　　　　　　　　　　表 4-1

序号	检验项目	观测员、检验员	立尺员、辅助员	检查员	示意图

三、仪器设备

每组配带脚架全站仪 1 台、带脚架棱镜 1 个、测钎 1 根、记录板 1 块、铅笔 1 支、点位标记若干等。

四、操作步骤

全站仪的安置包含对中和整平两步,两者要配合进行。对中的目的是使仪器的中心与测站的点位标记中心位于同一铅垂线上。整平的目的是使仪器的竖轴铅垂,即水平度盘水平。其操作步骤如下:

(1)取出全站仪。先张开三脚架,安置在测站点上,使架头大致水平,并尽可能使架头中心位于测站点的铅垂线上,同时高度要适中,以方便观测。踩实脚架腿,装上仪器,注意使三个脚螺旋的高度适中。

(2)粗略对中。打开全站仪的激光对中器或使用光学对中器,以一个脚架腿为支点不动,移动另两个脚架腿,使红色激光点或光学对中器中心点对准测站点。

(3)使圆水准器气泡居中。根据圆水准器气泡总在高处的原理,通过伸缩两条三脚架腿的高度,使圆水准器气泡居中。

(4)使水准管气泡居中。通过仔细旋转三个脚螺旋,使水准管气泡居中,要求偏差不超过1格。

(5)精确对中。观察红色激光点或光学对中器中心点,若偏离测站点,则稍微松开连接螺旋,在架头上移动仪器,使红色激光点或光学对中器中心点精确对准测站点,然后旋紧连接螺旋。要求对中偏差不超过1mm。

(6)观察全站仪的水准管气泡是否居中。如不居中则按照上述步骤重新精平仪器,直至对中和整平同时满足要求为止。

(7)照准。先用望远镜上的瞄准器初步照准目标,转动物镜对光螺旋使目标影像清晰;而后旋紧望远镜和照准部的制动螺旋,通过旋转对应的微动螺旋,使十字丝交点对准目标,并观察有无视差。如有视差,应重新调整予以消除。

(8)读数。全站仪具有电子自动读数功能,瞄准目标后,按下测量键,测量数据自动显示在屏幕上。

五、注意事项

1.拧紧全站仪各螺旋时松紧要适度,注意仪器制动后不能强行转动望远镜,避免损坏全站仪。

2.对中和整平是相互影响的,多数情况下不能一步到位,故应反复进行对中和整平,直至对中和整平同时满足要求为止。

3.操作仪器时,除手指外,身体的其余部分均不得接触仪器和三脚架,保证仪器时刻处于水平状态。

4 在瞄准观测目标之前,可先开机,分别将仪器的照准部和望远镜转动几周,完成仪器的初始化工作。

六、实训记录

在实训任务实施过程中,请填写表4-2。

全站仪安置与读数记录表　　　　　　　　　表 4-2

组别：_____　　观测者：_____　　记录者：_____　　日期：_____年____月____日

序号	观测者	水平度盘读数 （° ′ ″）	竖直度盘读数 （° ′ ″）	管气泡偏差 （格）	对中偏差 （mm）	检查者
1						
2						
3						
4						
5						

注：本表后 3 列由检查者填写。

七、评价反馈

完成实训任务后，请完成小组学生自评表和指导教师表评价表，见表 4-3 和表 4-4。

小组学生自评表　　　　　　　　　表 4-3

任务名称				小组号	
序号	检查项目	分值	要求		自我评分
1	任务完成情况	40	按要求按时完成实训任务		
2	实训记录	20	记录规范、完整		
3	实训纪律	15	不在实训场地打闹，无事故发生		
4	团队合作	15	服从组长安排且小组成员间配合好		
5	规范使用仪器设备	10	爱护仪器设备，并能规范使用		
自我评分合计					

评价与反思：

组长：

指导教师评价表　　　表 4-4

序号	评价内容	分值	要求	教师评分
1	仪器操作规范性	20	规范使用仪器,无违规操作	
2	记录规范性	20	规范记录数据,规范划改,手簿整洁	
3	成果精度	40	精度满足要求,并在规定时间内完成	
4	仪器设备归位	10	仪器设备摆放整齐,无损坏或遗失	
5	实训态度	10	态度认真,提前完成课前相关实训准备	
教师评分合计				

评价与建议:

指导教师:

八、课后拓展

请实训课后完成以下测试题。

1. 下列_____不属于全站仪的部件。

　　A. 微倾螺旋　　　　　　B. 水平微动螺旋　　　　　　C. 竖直制动螺旋

2. 请填写表 4-5 全站仪屏幕显示符号及其对应的含义。

全站仪屏幕显示符号及其对应的含义　　　表 4-5

显示符号	符号含义
V	
HR	
HL	
N	
E	
Z	
m	
ft	
dms	
PSM	
PPM	

3. 与水准仪的整平相比,全站仪的整平有哪些差别?

任务工单 5　水平角测量（测回法）

班级：_____　小组号：_____　组长姓名（学号）：_____

组员姓名（学号）：_____

一、任务目标

1. 理解水平角的概念与原理。
2. 能使用全站仪完成水平角测回法的观测、记录和计算。
3. 强化爱护和规范操作测量仪器设备的意识，培养认真细致的学习态度。

二、实训任务

以小组为单位，小组成员每人轮流进行观测、记录、计算工作。每组用测回法完成 2 个水平角的观测任务，每个角测量 2 个测回。要求每个同学至少测量其中 1 个角的 1 个测回。填写表 5-1。

任务分工表　　　　　　　　　　　　　　　表 5-1

序号	观测员	记录员、计算员	司镜员	示意图

三、仪器设备

每组配带脚架全站仪 1 台、带脚架棱镜 2 个或测钎 2 根、记录板 1 块、铅笔 1 支、点位标记若干等。

四、操作步骤

1. 场地布置。在施测场地布置 A、B、O 三个点，如图 5-1 所示。O 为测站点，A、B 两点为目标点，待测水平角为 $\angle AOB(\beta)$。

2. 安置仪器。在 O 点安置全站仪，完成整平和对中；在 A 和 B 点安置棱镜或测钎。

3. 盘左观测。使仪器处于盘左状态，先照准待测角左方目标点 A，并设置水平度盘的起始读数为 $0°00′ × ×″$。然后松开照准部制动螺旋，顺时针转动照准部照准右方目标点 B，读取水平度盘读数，当场记录并计算上半测回水平角值，$\beta_左 = b_左 - a_左$，完成上半测回的观测。

图 5-1 测回法

4. 盘右观测。望远镜倒镜使仪器处于盘右状态，先照准待测角右方目标点 B，读取水平度盘读数，然后松开照准部制动螺旋，逆时针转动照准部照准左方目标点 A，读取水平度盘读数，则下半测回角值为 $\beta_右 = b_右 - a_右$，完成下半测回的观测。

5. 计算水平角。如果盘左、盘右两个半测回观测角值之差不超过限差 $\pm 40''$，可取两个半测回角值的平均值作为一个测回的角值，即 $\beta = (\beta_左 + \beta_右)/2$。否则，应重测。

6. 第 2 测回观测。设置水平度盘的起始读数为 $90°00' \times \times''$。重复步骤 3～5，进行第 2 测回观测。

7. 第 2 个角的观测。重复步骤 1～6，进行第 2 个角的观测。

五、注意事项

1. 测回法测水平角时，盘左、盘右两个半测回观测角值之差若超限，则应立即重测。

2. 必须分清目标的左和右，严格按照规定顺序来观测，不能颠倒。

3. 读数后要立即记入测量记录表，不能记在草稿纸上，也不能记入手机、平板电脑等。

六、实训记录

在实训任务实施过程中，请填写表 5-2。

水平角测回法记录表   表 5-2

组别：_____ 观测者：_____ 记录者：_____ 日期：_____年____月____日

测点	盘位	目标	水平度盘读数（°′″）	水平角		示意图
				半测回值(°′″)	一测回值(°′″)	

续上表

测点	盘位	目标	水平度盘读数 （° ′ ″）	水平角		示意图
				半测回值(° ′ ″)	一测回值(° ′ ″)	

七、评价反馈

完成实训任务后,请完成小组学生自评表和指导教师评价表,见表5-3和表5-4。

小组学生自评表 表5-3

任务名称					小组号	
序号	检查项目	分值		要求		自我评分
1	任务完成情况	40		按要求按时完成实训任务		
2	实训记录	20		记录规范、完整		
3	实训纪律	15		不在实训场地打闹,无事故发生		
4	团队合作	15		服从组长安排且小组成员间配合好		
5	规范使用仪器设备	10		爱护仪器设备,并能规范使用		
		自我评分合计				
评价与反思:						
组长:						

指导教师评价表   表5-4

序号	评价内容	分值	要求	教师评分
1	仪器操作规范性	20	规范使用仪器，无违规操作	
2	记录规范性	20	规范记录数据，规范划改，手簿整洁	
3	成果精度	40	精度满足要求，并在规定时间内完成	
4	仪器设备归位	10	仪器设备摆放整齐，无损坏或遗失	
5	实训态度	10	态度认真，提前完成课前相关实训准备	
教师评分合计				

评价与建议：

指导教师：

八、课后拓展

请实训课后完成以下测试题。

1. 测回法适用于_____个方向的角度观测。其中盘左是指_____；盘右是指_____。

2. 测回法测水平角时，如果一个角度测4个测回，各个测回的起始读数应分别设置为多少？

任务工单 6　竖直角测量

班级：＿＿＿＿＿＿＿　小组号：＿＿＿＿＿＿　组长姓名(学号)：＿＿＿＿＿＿＿

组员姓名(学号)：＿＿＿＿＿＿＿＿＿＿＿＿＿＿＿＿＿＿＿＿＿＿＿＿＿

一、任务目标

1. 理解竖直角的概念，了解竖直度盘的注记形式。
2. 能使用全站仪进行竖直角的外业观测、记录和计算。
3. 会计算指标差，并判断其是否超限。

二、实训任务

每组完成 4 个竖直角的观测、记录和计算，每个角测量 1 个测回。要求一个角是仰角，另一个角是俯角。每观测完一个竖直角换人操作，确保每位同学完成一个竖直角观测。填写表6-1。

任务分工表　　　　　　　　　　　　　　　　　表 6-1

序号	观测员	记录员、计算员	司镜员	示意图

三、仪器设备

每组配带脚架全站仪 1 台、带脚架棱镜 2 个或测钎 2 根、记录板 1 块、铅笔 1 支、点位标记若干等。

四、操作步骤

1. 场地布置。在施测场地选定测站点 O，标定 O 点位置后在场地四周任选 2 个目标点 A、B，分别架设棱镜或测钎，且使目标点 A 高于 O 点，目标点 B 低于 O 点。其中高处的目标点 A，也可选择楼房上的避雷针等作为观测目标。

2. 安置仪器。在测站点安置全站仪，对中、整平后转动望远镜，根据竖盘读数变化规律确定竖盘注记形式是顺时针注记还是逆时针注记。

3.盘左观测。使仪器处于盘左状态,精确照准目标点 A,使十字丝的中丝与目标相切,读取竖直度盘读数,完成上半测回的观测。

4.盘右观测。望远镜倒镜使仪器处于盘右状态,精确照准目标点 A,使十字丝的中丝与目标相切,读取竖直度盘读数,完成下半测回的观测。

5.计算竖盘指标差并判断是否超限。指标差计算公式为: $X = \dfrac{L + R - 360°}{2}$ 。若符合要求,则取盘左、盘右竖直角的平均值作为一测回竖直角。即: $\alpha = \dfrac{\alpha_L + \alpha_R}{2}$ 。

6.重复步骤 3 ~ 5,完成对目标点 B 的观测。

五、注意事项

1.测竖直角时,重点是用十字丝的横丝瞄准目标,而不是用竖丝瞄准。

2.注意区分竖直度盘是顺时针注记,还是逆时针注记,计算公式是不同的。

3.仰角是正数,俯角是负数。

六、实训记录

在实训任务实施过程中,请填写表 6-2。

竖直角记录表(竖直度盘顺时针注记)　　　　　　　表 6-2

组别:_____　　观测者:_____　　记录者:_____　　日期:_____年____月____日

测点	目标	竖盘位置	竖盘读数 (° ′ ″)	半测回竖直角 (° ′ ″)	指标差 (″)	一测回竖直角 (° ′ ″)
		左				
		右				
		左				
		右				
		左				
		右				
		左				
		右				
		左				
		右				

七、评价反馈

完成实训任务后,请完成小组学生自评表和指导教师表评价表,见表6-3和表6-4。

小组学生自评表 表6-3

任务名称				小组号	
序号	检查项目	分值	要求		自我评分
1	任务完成情况	40	按要求按时完成实训任务		
2	实训记录	20	记录规范、完整		
3	实训纪律	15	不在实训场地打闹,无事故发生		
4	团队合作	15	服从组长安排且小组成员间配合好		
5	规范使用仪器设备	10	爱护仪器设备,并能规范使用		
自我评分合计					
评价与反思:					
组长:					

指导教师评价表 表6-4

序号	评价内容	分值	要求	教师评分
1	仪器操作规范性	20	规范使用仪器,无违规操作	
2	记录规范性	20	规范记录数据,规范划改,手簿整洁	
3	成果精度	40	精度满足要求,并在规定时间内完成	
4	仪器设备归位	10	仪器设备摆放整齐,无损坏或遗失	
5	实训态度	10	态度认真,提前完成课前相关实训准备	
教师评分合计				
评价与建议:				
指导教师:				

八、课后拓展

请实训课后完成以下测试题。

1. 抬高望远镜的同时若竖直度盘度数变大,则盘左的竖直角计算公式是_____,盘右的竖直角计算公式是_____。

2. 竖直角观测时,需要设置竖直度盘的起始读数吗? 为什么?

3. 竖直角观测时,度盘读数和竖直角的概念相同吗? 二者的关系是什么?

任务工单 7 闭合导线测量

班级：_____ 小组号：_____ 组长姓名(学号)：_____

组员姓名(学号)：_____

一、任务目标

1. 掌握闭合导线、附合导线的布设形式。

2. 能与小组成员分工合作，完成导线的外业施测；并能根据起算点已知数据和观测值，独立完成闭合导线内业计算。

3. 具有不怕吃苦、艰苦奋斗、团结协作的精神和一丝不苟、严谨细心、追求卓越的态度。

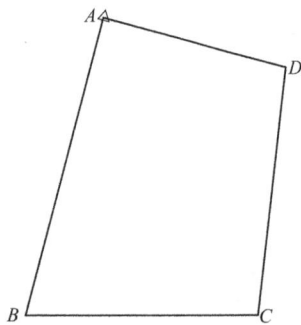

图 7-1 闭合导线测量示意图

二、实训任务

1. 以小组为单位，根据场地情况，完成 4 个点组成的闭合导线的外业观测工作，包括选点建立标志、角度测量和距离测量。如图 7-1 所示，在地面布置相邻通视、间距 30~100m 的 4 个点，分别命名为 A、B、C、D，起算已知数据为：A 点坐标(500.783，800.236)，AB 方位角 $\alpha_{AB} = 195°18'41''$。

2. 外业每人观测 1 个测站，填写表 7-1。内业计算由小组成员分别独立完成，互相检验。

任务分工表   表 7-1

序号	观测员	记录员	司镜员 1	司镜员 2	示意图
内业整理计算者：					

三、仪器设备

每组配带脚架全站仪 1 台、带脚架棱镜 2 个、记录板 1 块、测伞 1 把、铅笔 1 支等。

四、操作步骤

1. 选点并建立标志。参照图 7-1，布设并标定本组点位。可以采用 A-N 为第 N 组的 A 点来区分组与组的点号，组与组之间的点位不要相互遮挡干扰。选好点后绘制"点之记"。

2. 外业观测。以 A 点测站为例，A 点架设全站仪，D 和 B 架设棱镜，开始一测回观测，观测过程参考表 7-2 中的三级导线技术要求，完成表 7-3。经检验合格后搬至下一测站，依次在 B、C、D 点重复以上观测步骤，直至全部完成。

3. 内业计算。计算之前，需要对外业观测成果进行检查和整理，绘制导线略图，并将各项数据标注在略图上。按照表 7-4 的顺序完成内业计算。

导线测量主要技术要求　　　　　　　　　　　　　　　　　表 7-2

等级	导线长度（km）	平均边长（km）	测角中误差（"）	测距中误差（mm）	测距相对中误差	测回数				方位角闭合差（"）	导线全长相对闭合差
						0.5"级仪器	1"级仪器	2"级仪器	6"级仪器		
三等	14	3	1.8	20	1/150000	4	6	10	—	$3.6\sqrt{n}$	≤1/55000
四等	9	1.5	2.5	18	1/80000	2	4	6	—	$5\sqrt{n}$	≤1/35000
一级	4	0.5	5	15	1/30000	—	—	2	4	$10\sqrt{n}$	≤1/15000
二级	2.4	0.25	8	15	1/14000	—	—	1	3	$16\sqrt{n}$	≤1/10000
三级	1.2	0.1	12	15	1/7000	—	—	1	2	$24\sqrt{n}$	≤1/5000

导线测量外业观测记录表　　　　　　　　　　　　　　　　表 7-3

观测者：_____　　记录者：_____　　司镜者：_____　　日期：____年____月____日

测点	盘位	目标	水平度盘读数（° ′ ″）	水平角		示意图及边长
				半测回值（° ′ ″）	一测回值（° ′ ″）	
						边长名：_____ 第一次 =_____ m 第二次 =_____ m 第三次 =_____ m 平　均 =_____ m
						边长名：_____ 第一次 =_____ m 第二次 =_____ m 第三次 =_____ m 平　均 =_____ m

续上表

测点	盘位	目标	水平度盘读数 (° ′ ″)	水平角		示意图及边长
				半测回值(° ′ ″)	一测回值(° ′ ″)	
						边长名：_____ 第一次 = _____ m 第二次 = _____ m 第三次 = _____ m 平　均 = _____ m
						边长名：_____ 第一次 = _____ m 第二次 = _____ m 第三次 = _____ m 平　均 = _____ m
校核	内角和闭合差 f =					

导线内业计算表

表 7-4

点号	观测角 (° ′ ″)	改正数 (″)	改正角 (° ′ ″)	坐标方位角 (° ′ ″)	距离 (m)	坐标增量		改正后的坐标增量		坐标值		点号
						Δx(m)	Δy(m)	$\hat{\Delta x}$(m)	$\hat{\Delta y}$(m)	$\hat{x}$(m)	$\hat{y}$(m)	
A										500.783	800.236	A
B				195 18 41								B
C												C
D												D
A										500.783	800.236	A
B												B
Σ												
辅助 计算	$f_\beta = \Sigma\beta_测 - \Sigma\beta_理 =$ 　；　　$f_x = \Sigma\Delta x_测 =$ 　；$f_y = \Sigma\Delta y_测 =$ 　；$f_D = \sqrt{f_x^2 + f_y^2} =$ $f_{\beta允} = \pm 24''\sqrt{n} =$ 　；故 $f_\beta \leqslant f_{\beta允}$　　$K = \dfrac{f}{\Sigma D} = \dfrac{1}{\Sigma D/f} =$ 　　$K_允 = \dfrac{1}{5000} =$ 　；故 $K \leqslant K_允$											

五、注意事项

1. 全站仪是精密仪器,在安装和拆卸过程中要保持稳定,严禁磕碰仪器。

2. 拧紧各螺旋时松紧要适度,注意仪器制动后不能强行转动望远镜、调焦旋钮,不能用力过猛。

3. 选点时要使相邻导线点相互通视,尽量选择地势平坦、视野开阔之处,便于保存标志和安置仪器以及控制整个测区。

4. 导线边长应大致均衡,相邻边长度之比不要超过 3 倍,其平均边长要符合规范规定。

5. 随测随算,每站观测完毕应现场计算检核,若不符合要求,应查找原因并重新观测。

六、实训记录

在导线测量实施过程中,请填写表7-3。

七、评价反馈

完成实训任务后,请完成小组学生自评表和指导教师评价表,见表7-5 和表7-6。

小组学生自评表 表7-5

任务名称					小组号	
序号	检查项目	分值		要求		自我评分
1	任务完成情况	40		按要求按时完成实训任务		
2	实训记录	20		记录规范、完整		
3	实训纪律	15		不在实训场地打闹,无事故发生		
4	团队合作	15		服从组长安排且小组成员间配合好		
5	规范使用仪器设备	10		爱护仪器设备,并能规范使用		
	自我评分合计					
评价与反思:						
组长:						

指导教师评价表 表 7-6

序号	评价内容	分值	要求	教师评分
1	仪器操作规范性	20	规范使用仪器,无违规操作	
2	记录规范性	20	规范记录数据,规范划改,手簿整洁	
3	成果精度	40	精度满足要求,并在规定时间内完成	
4	仪器设备归位	10	仪器设备摆放整齐,无损坏或遗失	
5	实训态度	10	态度认真,提前完成课前相关实训准备	
教师评分合计				

评价与建议:

指导教师:

八、课后拓展

请实训课后完成以下测试题。

1. 简述导线布设的几种形式各有何优缺点?

2. 如果导线角度闭合差超标,可能是哪些原因?

3. 如果导线角度闭合差不超标,而全长相对闭合差超标,可能是哪些原因?

任务工单 8 交 会 测 量

班级：_____ 小组号：_____ 组长姓名(学号)：_____

组员姓名(学号)：_____

一、任务目标

1. 能使用全站仪进行前方交会、距离交会的外业观测、内业计算。

2. 能使用全站仪进行边角联合后方交会测量外业观测、内业计算。

3. 养成善于思考、主动解决问题的职业习惯;具有善于总结、精益求精的精神。

二、实训任务

根据场地实际情况,如图 8-1 所示,在地面布置相邻间距 30 ~ 100m 的 3 个点,分别命名为 A、B、C,其中 A、B 为已知起算点, 通视, 其平面坐标由实训指导教师提供, A(_____,_____)、B(_____,_____)。以小组为单位,完成前方交会、距离交会、边角后方交会的观测与计算,并对结果进行对比分析。填写表 8-1。小组每人轮换进行。

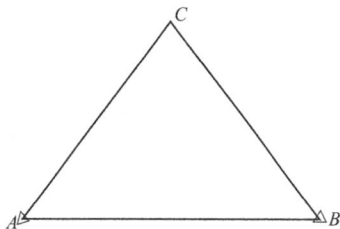

图 8-1　交会测量示意图

任务分工表　　　　　　　　　　　　　　　表 8-1

序号	观测员	记录员	司镜员 1	司镜员 2	示意图
内业整理计算者:					

三、仪器设备

每组配带脚架全站仪 1 台、带脚架棱镜 2 个、记录板 1 块、测伞 1 把、铅笔 1 支等。

四、操作步骤

1. 点位布设。各组参照图 8-1 布设本组点位。

2. 外业观测。

(1)前方交会。测回法观测 $\angle A$、$\angle B$,通过前方交会计算公式,得到待测点 C 的坐标。观测时注意 C 在 AB 的左边还是右边。

（2）距离交会。观测边 AC、BC 的平距，通过计算或绘图法，得到待测点 C 的坐标，观测时注意 C 在 AB 的左边还是右边。

（3）边角后方交会。观测∠C 和 AC、BC 的平距，通过仪器自带的程序计算或平差软件计算得到待测点 C 的坐标。

外业观测记录表格采用表 8-2、表 8-3，结果对比分析采用表 8-4。

五、注意事项

1. 前方交会时注意交会角的取值范围，最好在 30°～150°之间。

2. 认真对中、整平，在整个观测过程中长气泡偏移不超过 1 格。

3. 操作仪器时，除手指外，身体的其余部分均不得接触仪器和三脚架，保证仪器时刻处于稳定状态。不得骑跨脚架观测。

六、实训记录

在实训任务实施过程中，请填写表 8-2～表 8-4。

水平角观测记录表　　　　　　　　　　　　表 8-2

观测者：＿＿＿＿＿　记录者：＿＿＿＿＿　司镜者：＿＿＿＿＿　日期：＿＿＿年＿＿月＿＿日

测回	测点	目标	盘左读数 (° ′ ″)	盘右读数 (° ′ ″)	2c (″)	平均读数 (° ′ ″)	归零方向值 (° ′ ″)	平均方向值 (° ′ ″)

水平距离观测记录表　　　　　　　　　　　　表 8-3

观测者：＿＿＿＿＿　记录者：＿＿＿＿＿　司镜者：＿＿＿＿＿　日期：＿＿＿年＿＿月＿＿日

边名	测回	距离观测值 (m)	一测回平均值 (m)	平均边长 (m)	边名	测回	距离观测值 (m)	一测回平均值 (m)	平均边长 (m)

成果计算分析表 表8-4

起算点	$A(\underline{\quad}, \underline{\quad})$、$B(\underline{\quad}, \underline{\quad})$	
前方交会	观测量： $\angle A = \underline{\quad}$、$\angle B = \underline{\quad}$	结果： $C(\underline{\quad}, \underline{\quad})$
距离交会	观测量： $D_{AC} = \underline{\quad}$、$D_{BC} = \underline{\quad}$	结果： $C(\underline{\quad}, \underline{\quad})$
边角后方交会	观测量：$\angle C = \underline{\quad}$ $D_{AC} = \underline{\quad}$、$D_{BC} = \underline{\quad}$	结果： $C(\underline{\quad}, \underline{\quad})$
结果对比分析	三种结果中： X 值最小差值为：$\underline{\quad}$ mm；X 值最大差值为：$\underline{\quad}$ mm Y 值最小差值为：$\underline{\quad}$ mm；Y 值最大差值为：$\underline{\quad}$ mm	

七、评价反馈

完成实训任务后，请完成小组学生自评表和指导教师评价表，见表8-5和表8-6。

小组学生自评表 表8-5

任务名称					小组号	
序号	检查项目	分值		要求		自我评分
1	任务完成情况	40		按要求按时完成实训任务		
2	实训记录	20		记录规范、完整		
3	实训纪律	15		不在实训场地打闹，无事故发生		
4	团队合作	15		服从组长安排且小组成员间配合好		
5	规范使用仪器设备	10		爱护仪器设备，并能规范使用		
		自我评分合计				

评价与反思：

组长：

指导教师评价表　　　　　　　　　　　　　　表 8-6

序号	评价内容	分值	要求	教师评分
1	仪器操作规范性	20	规范使用仪器,无违规操作	
2	记录规范性	20	规范记录数据,规范划改,手簿整洁	
3	成果精度	40	精度满足要求,并在规定时间内完成	
4	仪器设备归位	10	仪器设备摆放整齐,无损坏或遗失	
5	实训态度	10	态度认真,提前完成课前相关实训准备	
教师评分合计				

评价与建议:

指导教师:

八、课后拓展

请实训课后完成以下测试题。

1. 前方交会时交会角若不在 30°~150°之间,太小或太大有什么不好?

2. 前方交会、距离交会、边角后方交会,分别适用于什么场景?

任务工单 9 四等水准测量

班级：＿＿＿＿＿＿   小组号：＿＿＿＿＿＿   组长姓名(学号)：＿＿＿＿＿＿＿

组员姓名(学号)：＿＿＿＿＿＿＿＿＿＿＿＿＿＿＿＿＿＿＿＿＿＿＿＿＿＿

一、任务目标

1.熟悉四等水准测量的主要技术指标。

2.掌握四等水准测量的外业观测、测站记录、计算、检核、内业处理的方法。

3.进一步加强互相合作、密切配合的职业素养。

二、实训任务

按四等水准测量要求,每组完成一个闭合水准环的观测任务,如图9-1所示。

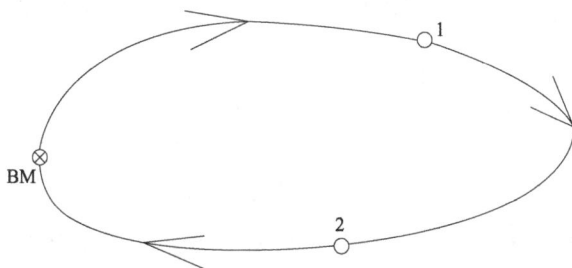

图 9-1 闭合水准测量示意图

选择一条闭合水准路线,长度以安置 6~8 个测站为宜。每位同学至少完成一个测站的观测、记录和计算。填写表9-1。

任务分工表

表 9-1

序号	观测员	记录员、计算员	立尺员 1	立尺员 2	示意图

内业整理计算者：＿＿＿＿＿＿＿＿＿＿   检核：＿＿＿＿＿＿

三、仪器设备

每组配带脚架自动安平水准仪 1 台、双面尺 1 对、尺垫 2 个、记录板 1 块、测伞 1 把、铅笔 1 支等。

四、操作步骤

1. 将已知高程的水准点作为起始点(后视点),在路线前进方向上选择满足视线要求的转点为前视点,放置尺垫。

2. 采用步测法在距离前、后视尺距离大致相等的位置安置水准仪;在前、后视点上分别竖立水准尺。

3. 按四等水准测量一个测站上"后(黑)前(黑)前(红)后(红)"的操作顺序,完成一个测站的全部观测任务,并检查各项计算值均满足限差要求后才能搬站。各项限差见表 9-2。

水准测量观测的主要技术要求 表 9-2

测量等级	仪器类型	视线长度 (m)	前后视 距离较差 (m)	前后视距离 累积差 (m)	视线离地面 最低高度 (m)	基辅(黑红) 面读数差 (mm)	基辅(黑红) 面高差较差 (mm)
四等	DS₃	≤100	≤5	≤10	≥0.2	≤3.0	≤5.0

4. 依次设站。用同样方法施测其他测站,直至全部完成。

5. 全路线施测完毕后对路线闭合差进行计算平差。要求闭合差 $f_h \leqslant \pm 20\sqrt{L}$ (mm)或 $f_h \leqslant \pm 6\sqrt{n}$(mm)。其中:$L$ 为水准路线总长,单位为 km;n 为测站数,单位为个。

五、注意事项

1. 每个测段的测站数必须为偶数。

2. 测站计算时,建议不使用计算器。

3. 每站观测结束应当即计算检核,若有超限则重测该测站。若观测结束后发现测站错误,则需重测该测段。

4. 水准尺在观测过程中要前、后视交替进行,转动水准尺时切忌碰动尺垫。

5. 四等水准测量记录、计算比较复杂,要步步校核,熟中取巧。

六、实训记录

在实训任务实施过程中,请填写表 9-3。

四等水准测量外业记录表

表 9-3

日期：_____年___月___日 天气：_____ 仪器型号：_____ 组号：_____

观测者：_____ 记录者：_____ 司尺者：_____

测点编号	后尺 上丝（m）/下丝（m）/后距(m)/视距差 d(m)	前尺 上丝（m）/下丝（m）/前距(m)/∑d(m)	方向及尺号	中丝读数 黑面（m）	中丝读数 红面（m）	K + 黑减红（mm）	高差中数（m）	备注
	(1)	(5)	后尺 1#	(3)	(4)	(14)		
	(2)	(6)	前尺 2#	(7)	(8)	(13)	(18)	
	(9)	(10)	后 – 前	(15)	(16)	(17)		
	(11)	(12)						
								已知水准点的高程___ m。尺 1#的 K = _____ 尺 2#的 K = _____

完成内业计算,填写表9-4。

水准测量内业计算表　　　　　　　　　　表9-4

点号	距离(km)或测站数	实测高差（m）	改正数（mm）	改正后高差（m）	高程（m）
辅助计算					

七、评价反馈

完成实训任务后,请完成小组学生自评表和指导教师评价表,见表9-5和表9-6。

小组学生自评表　　　　　　　　　　表9-5

任务名称					小组号	
序号	检查项目	分值	要求			自我评分
1	任务完成情况	40	按要求按时完成实训任务			
2	实训记录	20	记录规范、完整			
3	实训纪律	15	不在实训场地打闹,无事故发生			
4	团队合作	15	服从组长安排且小组成员间配合好			
5	规范使用仪器设备	10	爱护仪器设备,并能规范使用			
自我评分合计						

评价与反思:

组长:

指导教师评价表 表9-6

序号	评价内容	分值	要求	教师评分
1	仪器操作规范性	20	规范使用仪器,无违规操作	
2	记录规范性	20	规范记录数据,规范划改,手簿整洁	
3	成果精度	40	精度满足要求,并在规定时间内完成	
4	仪器设备归位	10	仪器设备摆放整齐,无损坏或遗失	
5	实训态度	10	态度认真,提前完成课前相关实训准备	
教师评分合计				

评价与建议:

指导教师:

八、课后拓展

请实训课后完成以下测试题。

1. 如何做到每站的前、后视距差不超限?如何做到前、后视距差累计值不超限?

2. 如果红、黑面读数差超限,应该如何处理?

3. 为什么每个测段内的测站数必须为偶数站?

任务工单 10　三角高程测量

班级：＿＿＿＿＿＿＿　小组号：＿＿＿＿＿＿＿　组长姓名(学号)：＿＿＿＿＿＿＿＿

组员姓名(学号)：＿＿＿＿＿＿＿＿＿＿＿＿＿＿＿＿＿＿＿＿＿＿＿＿＿＿

一、任务目标

1. 熟悉三角高程测量的主要技术指标。
2. 熟练使用全站仪进行三角高程的外业观测和内业计算。
3. 加强勤于思考、因地制宜施测解决问题的职业素养和能力。

二、实训任务

如图 10-1 所示,首先在场地选择 A、B 两点,长度 20～50m,两点的高差要较为明显,将 2 个点在地面做标记。其中 A 为高程起算点,B 为待测高程点,以小组为单位,完成三角高程测量的观测与计算。填写表 10-1。小组每人角色轮换测量。

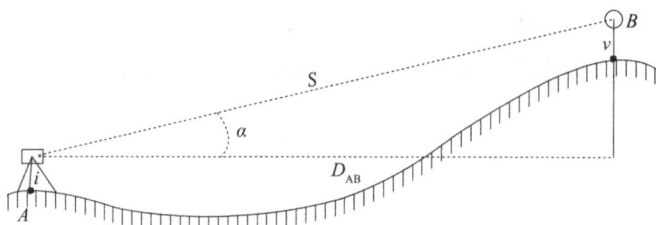

图 10-1　三角高程测量示意图

任务分工表　　　　　　　　　　　　　　　　　　　　表 10-1

序号	观测员	记录员、计算员	司镜员	示意图
内业整理计算者：				

三、仪器设备

每组配带脚架全站仪 1 台、带脚架棱镜 1 个、记录板 1 块、测伞 1 把、小钢尺 1 把、铅笔 1 支等。

四、操作步骤

1.点位布设。各组参照图10-1布设本组点位。

2.外业观测。

(1)全站仪在 A 点对中、整平,需要输入棱镜常数、大气温度、气压3个参数。多次量取仪器高取平均值。

(2)将带基座的棱镜在 B 点对中、整平,多次量取棱镜高取平均值。

(3)盘左、盘右分别观测 A 至 B 的竖盘读数,记录 A 至 B 的平距。

3.计算三角高程,计算公式为:$h_{AB} = D_{AB} \tan\alpha_{AB} + i - v + f$。

五、注意事项

1.当 A、B 两点相距不远时,f 可忽略不计;当 A、B 两点相距较远时(平距≥300m),需要加上球气差改正数,计算公式为:$f = (1 - k)\dfrac{D^2}{2R}$,其中大气垂直折光系数 k 取0.14,D 为两点间的水平距离,R 为地球半径,取6371km。

2.为抵销球气差的影响,三角高程测量可以不计 f 影响而进行往返测。当往返测高差之和不超限时,取二者绝对值之和的平均值作为最后的高差,符号以往测为准。

六、实训记录

在实训任务实施过程中,请填写表10-2、表10-3。

三角高程测量外业记录表 表10-2

观测者:_____   记录者:_____   司镜者:_____   日期:_____年____月____日

测站	目标	盘位	竖盘读数 (° ′ ″)	竖直角 α_i (° ′ ″)	竖盘指标差 (″)	竖直角平均值 α (° ′ ″)	水平距离 D_i (m)	水平距离平均值 (m)
		左						
		右						
		左						
		右						
		左						
		右						
		左						
		右						
		左						
		右						
		左						
		右						
		左						
		右						

三角高程测量计算表 表 10-3

已知点		A	
待测点		B	
觇法		直觇	
平距 D(m)			
竖直角平均值 α(° ′ ″)			
$D \times \tan\alpha$(m)			
仪器高 i(m)	第 1 次:	平均值:	
	第 2 次:		
	第 3 次:		
棱镜高 v(m)	第 1 次:	平均值:	
	第 2 次:		
	第 3 次:		
高差 h(m)			
已知点 A 的高程(m)			
待测点 B 的高程(m)			

七、评价反馈

完成实训任务后,请完成小组学生自评表和指导教师评价表,见表 10-4 和表 10-5。

小组学生自评表 表 10-4

任务名称					小组号	
序号	检查项目	分值	要求			自我评分
1	任务完成情况	40	按要求按时完成实训任务			
2	实训记录	20	记录规范、完整			
3	实训纪律	15	不在实训场地打闹,无事故发生			
4	团队合作	15	服从组长安排且小组成员间配合好			
5	规范使用仪器设备	10	爱护仪器设备,并能规范使用			
自我评分合计						
评价与反思:						
组长:						

指导教师评价表 表 10-5

序号	评价内容	分值	要求	教师评分
1	仪器操作规范性	20	规范使用仪器,无违规操作	
2	记录规范性	20	规范记录数据,规范划改,手簿整洁	
3	成果精度	40	精度满足要求,并在规定时间内完成	
4	仪器设备归位	10	仪器设备摆放整齐,无损坏或遗失	
5	实训态度	10	态度认真,提前完成课前相关实训准备	
教师评分合计				

评价与建议:

指导教师:

八、课后拓展

请实训课后完成以下测试题。

1. 目前在工程建设中,三角高程测量与水准测量有什么不同?

2. 要提高三角高程测量的精度,需要注意什么?

任务工单 11　GNSS 静态控制测量

班级：＿＿＿＿＿＿＿　小组号：＿＿＿＿＿＿＿　组长姓名（学号）：＿＿＿＿＿＿＿

组员姓名（学号）：＿＿＿＿＿＿＿＿＿＿＿＿＿＿＿＿＿＿＿＿＿＿＿＿＿＿＿＿＿

一、任务目标

1. 熟悉 GNSS 静态控制测量的流程步骤和组织协调方法。
2. 能进行 GNSS 静态控制测量的外业操作和内业软件处理。
3. 锻炼团队的组织协调能力、提高解决工程实际问题的能力。

二、实训任务

根据场地实际情况，如图 11-1 所示，尽可能在上空开阔区域布点 A、B、C、D、E、F，其中

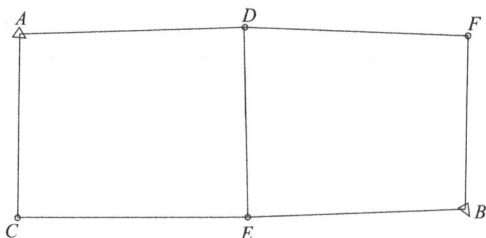

图 11-1　GNSS 静态控制测量示意图

A、B 为已知起算点，其坐标值由实训指导教师提供，A（＿＿＿＿，＿＿＿＿，＿＿＿＿）、B（＿＿＿＿，＿＿＿＿，＿＿＿＿），C、D、E、F 为待测点，以小组为单位，完成 GNSS 静态控制测量的外业观测、观测记录和内业平差。填写任务分工表 11-1。小组每人角色轮换测量。

任务分工表　　　　　　　　　　表 11-1

序号	观测员	记录员	协助员 1	协助员 2	示意图
内业整理计算者：					

三、仪器设备

每组配 GNSS 接收机 1 台、基座 1 个、三脚架 1 个、记录板 1 块、测伞 1 把、铅笔 1 支、小钢尺 1 把等。每 4 个小组组成一个作业的工作大组。

四、操作步骤

1. 点位布设。各组参照图 11-1 布设本组点位。

2. 若采用边联式 GNSS 布网形式,则外业观测为:

(1)第一时段,4 个小组分别在 A、C、D、E 对中整平基座,架设 GNSS 接收机,设置为静态采集模式,组织协调好同步开机,注意量取天线高、完成外业记录手簿,时段长度根据实际情况,设置为 30 分钟。

(2)第二时段,4 个小组分别在 D、E、F、B 对中整平基座,架设 GNSS 接收机,设置为静态采集模式,组织协调好同步开机,注意量取天线高、完成外业记录手簿。其中 D、E 属于重复测站点,故第一时段和第二时段可以不移动仪器,连续观测。

3. 内业处理。

(1)从接收机导出静态观测数据文件。

(2)结合外业记录手簿,确认接收机数据的点名和天线高正确。

(3)新建 GNSS 静态平差工程文件,设置参数。

(4)导入观测数据文件,自动化预处理。

(5)基线处理。

(6)网平差。

(7)导出 GNSS 静态平差报告。

五、注意事项

1. 安装和拆卸 GNSS 仪器过程中要小心、仔细、稳定,严禁磕碰仪器。

2. 认真对中整平,注意检查效果。

3. 要认真量取天线高,且多次量取,测前测后量取。

4. 守护静态测站时,认真负责,确保仪器和人身安全。

5. 认真做好外业手簿记录。

六、实训记录

在实训任务实施过程中,请填写表 11-2。

GNSS 静态控制测量外业记录手簿   表 11-2

日期:_____年_____月_____日 天气:_____ 组号:_____ 工程名:_____
观测者:_____ 记录者:_____ 参加者:_____
测站名:_____ 时段号:_____ 开始时间:_____ 结束时间:_____
仪器型号:_____ 机身编号:_____
天线高/仪器高(m):
1. _____   2. _____   3. _____   平均值:_____
测站近似坐标:
经度 E:_____ 纬度 N:_____ 高程:_____
观测情况记录:

七、评价反馈

完成实训任务后,请完成小组学生自评表和指导教师评价表,见表 11-3 和表 11-4。

小组学生自评表　　　　　　　　　　　　表 11-3

任务名称					小组号	
序号	检查项目	分值	要求			自我评分
1	任务完成情况	40	按要求按时完成实训任务			
2	实训记录	20	记录规范、完整			
3	实训纪律	15	不在实训场地打闹,无事故发生			
4	团队合作	15	服从组长安排且小组成员间配合好			
5	规范使用仪器设备	10	爱护仪器设备,并能规范使用			
		自我评分合计				

评价与反思:

组长:

指导教师评价表　　　　　　　　　　　　表 11-4

序号	评价内容	分值	要求	教师评分
1	仪器操作规范性	20	规范使用仪器,无违规操作	
2	记录规范性	20	规范记录数据,规范划改,手簿整洁	
3	成果精度	40	精度满足要求,并在规定时间内完成	
4	仪器设备归位	10	仪器设备摆放整齐,无损坏或遗失	
5	实训态度	10	态度认真,提前完成课前相关实训准备	
		教师评分合计		

评价与建议:

指导教师:

八、课后拓展

请实训课后完成以下测试题。

1. GNSS 测得的是什么高程？

2. GNSS 静态控制测量的布网形式，除了边联式外，还有哪些形式？

3. GNSS 平差报告主要有哪些内容？

任务工单12　用全站仪进行点位测定与点位放样

班级：＿＿＿＿＿＿＿＿　小组号：＿＿＿＿＿＿＿＿　组长姓名(学号)：＿＿＿＿＿＿＿＿

组员姓名(学号)：＿＿＿＿＿＿＿＿＿＿＿＿＿＿＿＿＿＿＿＿＿＿＿＿＿＿＿＿＿＿＿＿

一、任务目标

1.能使用全站仪进行点位测定与点位放样。

2.进一步养成认真细致、精益求精的工作态度。

二、实训任务

如图 12-1 所示,每组选一块较为宽阔的场地,用全站仪完成 A、B 点的坐标测定任务,并将测出的两点坐标作为已知数据,实地放样出 A、B 的位置。

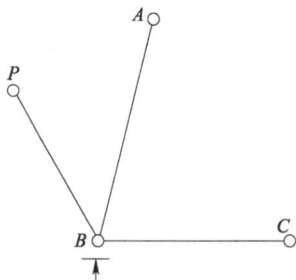

图 12-1　全站仪点位测定与点位放样示意图

填写表 12-1。

任务分工表　　　　　　　　　　　表 12-1

序号	观测员	记录员、计算员	司镜员 1	司镜员 2	示意图

三、仪器设备

每组配带脚架全站仪 1 台、带脚架棱镜 1 个、带测杆棱镜 1 个、记录板 1 块、测伞 1 把、铅笔 1 支等。

四、操作步骤

1. 首先在空地上选择 3 个点 A、B、C，且 3 条边的长度为 15～30m，并将此 3 个点在地面作出标记。

2. 全站仪安置在 B 点，带脚架棱镜架在 C 点，分别量取仪器高度和棱镜高度，取 B 点坐标为(100,100,50)，任选一方向 P 为后视方向，用输入方位角 $82°18′42″$ 的方法后视。

3. 用全站仪坐标测量的方法，测出 C 点的坐标，并记录在相应位置。

4. 全站仪不动，将带脚架棱镜由 C 点移到 A 点，重新量取棱镜高度，用坐标测量的方法测出 A 点的坐标，并记录在相应位置。

5. 将全站仪搬至 A 点，对中整平后以 B 点为后视点，使用带测杆棱镜，放样出 C 点的位置，并和步骤 1 选定的 C 点位置进行比较，判断是否正确。若结果正确，则记录填挖高度。

五、注意事项

1. 要确保测站点坐标、后视点方位角、仪器高和棱镜高输入正确。

2. 参数设置正确，注意水平角一般采用 HR 模式。

3. 坐标测量时目标点使用带脚架棱镜；点位放样时需要在后视点安置带脚架棱镜，放样点使用易于移动的带测杆棱镜。

六、实训记录

坐标测定，请填写表 12-2。

全站仪三维坐标测定记录表　　　　表 12-2

日期：_____年____月___日　天气：_____　仪器型号：_____　组号：_____

观测者：_____　记录者：_____　司镜者：_____

> 已知：测站点的三维坐标 $X = $ _____ m，$Y = $ _____ m，$H = $ _____ m
>
> 　　　　测站点至后视点的坐标方位角 $α = $ _____
>
> 量得：测站仪器高 _____ m，C 点棱镜高 _____ m，A 点棱镜高 _____ m
>
> 用盘左测得 C 点的三维坐标为：$X = $ _____ m，$Y = $ _____ m，$H = $ _____ m
>
> 用盘右测得 C 点的三维坐标为：$X = $ _____ m，$Y = $ _____ m，$H = $ _____ m
>
> C 点平均坐标为：$X = $ _____ m，$Y = $ _____ m，$H = $ _____ m
>
> 用盘左测得 A 点的三维坐标为：$X = $ _____ m，$Y = $ _____ m，$H = $ _____ m
>
> 用盘右测得 A 点的三维坐标为：$X = $ _____ m，$Y = $ _____ m，$H = $ _____ m
>
> A 点平均坐标为：$X = $ _____ m，$Y = $ _____ m，$H = $ _____ m

点位坐标放样，请填写表 12-3。

全站仪点位放样记录表　　　　表 12-3

> 已知：测站点 A 的三维坐标 $X = $ _____ m，$Y = $ _____ m，$H = $ _____ m
>
> 　　　　后视点 B 的坐标方位角 $X = $ _____ m，$Y = $ _____ m，$H = $ _____ m
>
> 量得：测站仪器高 _____ m，移动棱镜高 _____ m
>
> 则：待放样点 C 处的地面，需 _____（填"填"或"挖"），其填挖高度为 _____ m

七、评价反馈

完成实训任务后,请完成小组学生自评表和指导教师评价表,见表12-4和表12-5。

小组学生自评表

表12-4

任务名称				小组号	
序号	检查项目	分值	要求		自我评分
1	任务完成情况	40	按要求按时完成实训任务		
2	实训记录	20	记录规范、完整		
3	实训纪律	15	不在实训场地打闹,无事故发生		
4	团队合作	15	服从组长安排且小组成员间配合好		
5	规范使用仪器设备	10	爱护仪器设备,并能规范使用		
自我评分合计					
评价与反思:					
组长:					

指导教师评价表

表12-5

序号	评价内容	分值	要求	教师评分
1	仪器操作规范性	20	规范使用仪器,无违规操作	
2	记录规范性	20	规范记录数据,规范划改,手簿整洁	
3	成果精度	40	精度满足要求,并在规定时间内完成	
4	仪器设备归位	10	仪器设备摆放整齐,无损坏或遗失	
5	实训态度	10	态度认真,提前完成课前相关实训准备	
教师评分合计				
评价与建议:				
指导教师:				

八、课后拓展

请实训课后完成以下测试题。

1. 简述全站仪点位测定与点位放样的步骤及注意事项。

2. 点位放样完成后,若仪器显示的"dZ"为 0,则表示的含义是什么?

任务工单 13　用 GNSS-RTK 坐标采集与放样

班级：＿＿＿＿＿＿＿　小组号：＿＿＿＿＿＿＿　组长姓名(学号)：＿＿＿＿＿＿＿

组员姓名(学号)：＿＿＿＿＿＿＿＿＿＿＿＿＿＿＿＿＿＿＿＿＿＿＿＿＿＿＿

一、任务目标

1. 能掌握 1＋1 或 1＋n RTK 模式坐标测量/数据采集、坐标放样的方法与流程。
2. 能使用 1＋1 或 1＋n RTK 模式进行坐标测量/数据采集、坐标放样。
3. 训练步步校核、细致认真的工作习惯。

二、实训任务

根据场地实际情况,如图 13-1 所示,尽可能选取上空开阔的 4 个已知点 A、B、C、D 作为控制点, 坐 标 分 别 为 A（＿＿＿＿, ＿＿＿＿, ＿＿＿＿）、B（＿＿＿＿, ＿＿＿＿, ＿＿＿＿）, C（＿＿＿＿, ＿＿＿＿, ＿＿＿＿）、D（＿＿＿＿, ＿＿＿＿,＿＿＿＿）,以小组为单位,完成 GNSS-RTK 的坐标采集与坐标放样任务,并做好相关记录。填写表 13-1。小组每人角色轮换完成。

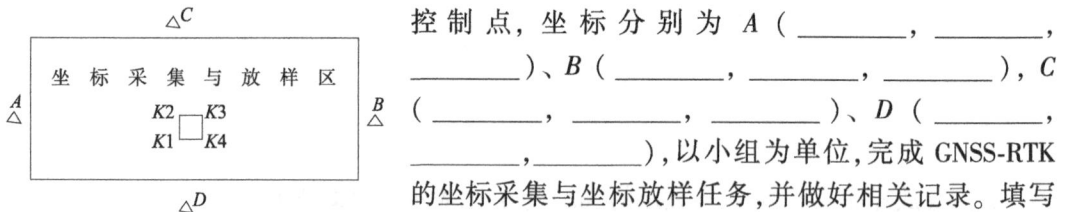

图 13-1　GNSS-RTK 坐标采集与放样示意图

任务分工表　　　　　　　　　　　表 13-1

序号	观测员	记录员	协助员 1	协助员 2	示意图

三、仪器设备

每组配移动站 GNSS 接收机 1 台、对中杆 1 根、记录板 1 块、铅笔 1 支、钢卷尺和小钢尺各 1 把等。全班共用设备:公共基准站 GNSS 接收机 1 台、三脚架 1 个。

四、操作步骤

1. 设置公共基准站。在信号开阔处,用电子手簿连接基准站 GNSS 接收机,设置接收机模式为"基准站",设置数据链为"内置电台",(记住电台频道),启动基准站。

2. 各组设置移动站。将电子手簿连接移动站 GNSS 接收机,设置接收机模式为"移动站",设置数据链为"内置电台",并且电台频道与基准站一致,查看获得"固定解"。

3. 开始 RTK 坐标采集。

(1)打开电子手簿,新建工程项目,设置好项目名称、中央子午线、投影带。

(2)采集控制点进行参数转换。确认接收机杆高正确后,尽量采集相隔较远的控制点,例如 A、B,进行"四参数 + 高程拟合"转换。

(3)坐标校核。采集另一控制点的坐标如 C 点,与其已知坐标核对,精度合格,则可以开始坐标采集,此步骤亦可以叫作"测前检查"。

(4)开始坐标采集。在"测量"界面开始坐标测量。注意:"杆高"务必输入正确,尝试不同的采集模式和设置,例如:快速采集、平滑采集、自动采集、开"惯导"自动进行倾斜改正采集。找到某空旷处,正式平滑采集一个点,用马克笔画十字标记,命名点号为 K_1。

(5)采集某一控制点如 D 点,校核其坐标,若精度合格,则此前任务基本合格。准备"结束坐标采集任务、关机",此步骤亦可以叫作"测后检查"。

4. RTK 坐标放样。

(1)查看点库里的 K_1 坐标,设计一个点 K_2。K_2 位于 K_1 正北 2.000m,则 K_2 坐标设计值为(_____ , _____),以此方法设计 K_3。K_3 位于 K_2 正东 2.000m,则 K_3 坐标设计值为(_____ , _____),设计 K_4。K_4 位于 K_3 正南 2.000m,则 K_4 坐标设计值为(_____ , _____)。即设计一个边长为 2m 的正方形 $K_1 K_2 K_3 K_4$。

(2)确认移动站解状态为"固定解",重复步骤 3 中的(1)、(2)、(3),在"放样"界面开始坐标放样:输入 K_2 坐标,按电子手簿提示往南或北、往西或东调整的距离,逐渐接近目标点,在预期误差精度内,采用马克笔画十字标记"打桩",依此方法,逐个放样 K_3、K_4。

(3)检查放样效果。形状检查,即查看图形 $K_1 K_2 K_3 K_4$ 是否相邻边垂直、是否为正方形。边长检查,用钢卷尺检查边长:实测边 $K_1 K_2$ = _____ m、实测边 $K_2 K_3$ = _____ m、实测边 $K_3 K_4$ = _____ m、$K_4 K_1$ = _____ m;实测 K_2 坐标(_____ , _____)、实测 K_3 坐标(_____ , _____)、实测 K_4 坐标(_____ , _____)。

(4)采集某一控制点如 D 点,校核其坐标,若精度合格,则此前任务基本合格。准备"结束放样任务、关机",此步骤亦可以叫作"测后检查"。

五、注意事项

1. GNSS 是精密仪器,在安装和拆卸过程中要小心、仔细、稳定,严禁磕碰仪器。
2. 经常留意电子手簿上显示的解状态是否为"固定解",只有"固定解"的数据才有效。
3. 经常留意"杆高"是否正确。

六、实训记录

此实训项目主要按照上述"操作步骤"的顺序实施,记录与计算主要由电子手簿自动完成。

七、评价反馈

完成实训任务后,请完成小组学生自评表和指导教师评价表,见表 13-2 和表 13-3。

小组学生自评表　　　　　　　表 13-2

任务名称				小组号	
序号	检查项目	分值	要求		自我评分
1	任务完成情况	40	按要求按时完成实训任务		
2	实训记录	20	记录规范、完整		
3	实训纪律	15	不在实训场地打闹,无事故发生		
4	团队合作	15	服从组长安排且小组成员间配合好		
5	规范使用仪器设备	10	爱护仪器设备,并能规范使用		
自我评分合计					
评价与反思:					
组长:					

指导教师评价表　　　　　　　表 13-3

序号	评价内容	分值	要求	教师评分
1	仪器操作规范性	20	规范使用仪器,无违规操作	
2	记录规范性	20	规范记录数据,规范划改,手簿整洁	
3	成果精度	40	精度满足要求,并在规定时间内完成	
4	仪器设备归位	10	仪器设备摆放整齐,无损坏或遗失	
5	实训态度	10	态度认真,提前完成课前相关实训准备	
教师评分合计				
评价与建议:				
指导教师:				

八、课后拓展

请实训课后完成以下测试题。

1. 若采用 CORS 模式进行测量，1 + 1 或 1 + n RTK 模式在操作上有什么区别？

2. 请阐述如何批量导出手簿记录点库中的坐标数据。

任务工单 14　用全站仪进行数字地形图测绘

班级：_____　　小组号：_____　　组长姓名(学号)：_____

组员姓名(学号)：_____

一、任务目标

1. 能掌握使用全站仪进行数字地形图测绘的作业流程和施测方法。
2. 能熟练进行全站仪数字地形图测绘的数据采集与地图绘制。
3. 树立爱护仪器和规范操作仪器的意识；提高沟通交流、团结合作、分析解决问题的能力。

二、实训任务

选择一块具有代表性的区域进行地形图测绘，按 1∶500 比例进行。

以小组为单位，各组在实训场地找到任意两个以上通视的控制点，根据大比例尺地形图测绘要求，选定地物、地形要素碎部点进行测量，并绘制草图。各组根据外业草图，利用草图法完成数字地形图绘制，并提交草图和地形图成果。

填写表 14-1。作业过程中，小组成员角色可以互换。

任务分工表　　　　　　　　　　　　　　　　　表 14-1

序号	观测员	领图员	数据采集员、立杆员	草图绘制员	采集点位范围（如点号）	数字地形图绘制员

三、仪器设备

每组配带脚架全站仪 1 台、棱镜杆 1 根、带脚架棱镜 1 个、小钢尺 1 把、记录板 1 块、测伞 1 把、铅笔 1 支、空白纸 1 张等。

四、操作步骤

1. 安置仪器。观测员在测站点安置好(对中、整平)全站仪，开机。开机后设置温度、气压、棱镜常数等,用小钢尺量取仪器高,并建立数据采集工程文件。

2. 设置测站。观测员输入测站信息,如点名、仪器高、测站坐标。

3. 后视定向。观测员用全站仪望远镜瞄准后视目标棱镜。输入后视方位角或后视点坐标,进行后视定向。后视定向后,测量检查点坐标无误,完成后视定向工作。

4. 碎部点采集。领图员协助数据采集员确定碎部点(地物点、地貌点),并在碎部点上安置单棱镜。观测员转动全站仪照准棱镜,输入点号、镜高后测量碎部点坐标,并保存在全站仪文件中。草图绘制员在白纸上绘制该点位草图和对应的点号。

5. 数据导出。野外数据采集完成后,将全站仪数据按照成图软件数据格式导出到电脑上。

6. 地物绘制及注记文字。根据外业草图上绘制的地物类别,在绘图软件中选择相应的地形图图式符号进行绘制。绘制内容和要求参考《国家基本比例尺地图图式 第1部分:1∶500 1∶1000 1∶2000 地形图图式》(GB/T 20257.1—2017)。根据实际地形情况,标注对应的文字注记,保证要素信息完整。

7. 等高线绘制。根据野外采集的高程点数据,利用成图软件完成等高线绘制和整饰。

8. 整理成果。提交地形图测绘成果。

五、注意事项

1. 作业前做好准备工作,检查全站仪电池电量是否充足。

2. 草图绘制要遵循清晰、易读、相对位置准确的原则。

3. 要熟悉相关地形图图式规范及其要求。

4. 熟悉地形图绘制软件的使用。电子地形图要按要求整饰,并提交成果。

六、实训记录

在实训任务实施过程中,请填写表14-2。

地形图测绘草图 表14-2

组别:_____ 观测者:_____ 记录者:_____ 日期:_____年____月____日

七、评价反馈

完成实训任务后,请完成小组学生自评表和指导教师评价表,见表14-3和表14-4。

小组学生自评表   表14-3

任务名称				小组号	
序号	检查项目	分值	要求		自我评分
1	任务完成情况	40	按要求按时完成实训任务		
2	实训记录	20	记录规范、草图绘制完整、清晰、准确		
3	实训纪律	15	不在实训场地打闹,无事故发生		
4	团队合作	15	服从组长安排且小组成员间配合好		
5	规范使用仪器设备	10	爱护仪器设备,并能规范使用		
		自我评分合计			

评价与反思:

....

....

....

组长:

指导教师评价表   表14-4

序号	评价内容	分值	要求	教师评分
1	仪器操作规范性	20	规范使用仪器,无违规操作	
2	记录规范性	20	规范记录数据,规范划改,手簿整洁	
3	成果精度	40	精度满足要求,并在规定时间内完成	
4	仪器设备归位	10	仪器设备摆放整齐、无损坏或遗失	
5	实训态度	10	态度认真,提前完成课前相关实训准备	
		教师评分合计		

评价与建议:

....

....

....

指导教师:

八、课后拓展

请实训课后完成以下测试题。

1. 全站仪后视定向有_____定向、_____定向两种方法。

2. 全站仪野外数据采集过程中点号可以自动生成。(   )(填写"√"或"×")

3. 等高线软件自动绘制包括_____、_____、_____、

_____、_____等步骤。

任务工单 15   基于 GNSS 的数字地形图测绘

班级：_____   小组号：_____   组长姓名(学号)：_____

组员姓名(学号)：_____

一、任务目标

1. 能掌握 GNSS 数字地形图测绘的作业流程和施测方法。
2. 能使用 GNSS-RTK 方法进行数字地形图测绘的数据采集与地图绘制。
3. 树立爱护仪器和规范操作仪器的意识；提高沟通交流、团结合作、分析解决问题的能力。

二、实训任务

选择一块具有代表性的开阔区域，进行 1∶500 数字地形图的测绘工作。

以小组为单位，各组在测区范围内选择三个以上点位分布均匀的控制点，提高大比例尺地形图测绘要求，选定地物、地形要素碎部点进行测量，并绘制草图。各组根据外业草图利用草图法完成数字地形图绘制，并提交草图和地形图成果。

填写表 15-1。作业过程中，小组成员角色可以互换。

任务分工表   表 15-1

序号	观测员	领图员	数据采集员、立杆员	草图绘制员	采集点位范围（如点号）	数字地形图绘制员

三、仪器设备

每组配 RTK 接收机及附属设备 2 台、手簿 2 个、脚架 1 个、对中杆 1 个、小钢尺 1 把、记录板 1 块、铅笔 1 支、空白纸 1 张等。

四、操作步骤

1. 基准站安置、启动。观测员取出 1 台接收机主机，正确连接 GNSS 接收机主机、接收机天线,将接收机通过脚架架设在选定点上,对中、整平,量取仪器高。将手簿通过蓝牙与接收机配对连接。设置接收机工作模式为基准站。输入基准站天线高、基准站启动坐标、数据链设置(包括数据链类型、电台频率、数据传输频率、电台功率等),启动基准站。

2.流动站设置。将第二台接收机主机取出安装在对中杆上,安装接收机天线。将手簿通过蓝牙与接收机配对连接。设置接收机工作模式为移动站。数据链设置(包括数据链类型、电台频率、数据传输频率、电台功率等)与基准站相同,实现基准站和移动站之间的信息通信。

3.坐标转换与参数求解。移动站自动完成初始化工作后,得到固定解,此时进入测量作业阶段。新建工程,设置坐标系统(椭球、投影参数、坐标转换参数等)。输入杆高,平滑采集2个以上已知点后,输入采集的已知点地方坐标,同时调出其测量的 WGS-84 坐标,通过四参数或七参数计算转换参数,得到测区坐标系变换和高程拟合参数。

4.碎部点采集。领图员协助数据采集员确定碎部点(地物点、地貌点),并在碎部点上安置对中杆。观测员在手簿中输入点号和对中杆杆高后,采集该点坐标,并保存在手簿中。草图绘制员在白纸上绘制该点位草图和对应的点号。

5.数据导出。野外数据采集完成后,将手簿中数据按照成图软件数据格式导出到电脑上。

6.地物绘制及注记文字。根据外业草图上绘制的地物类别,在绘图软件中选择相应的地形图图式符号进行绘制。绘制内容和要求参考《国家基本比例尺地图图式 第1部分:1∶500 1∶1000 1∶2000 地形图图式》(GB/T 20257.1—2017)。根据实际地形情况,标注对应的文字注记,保证要素信息完整。

7.等高线绘制。根据野外采集的高程点数据,利用成图软件完成等高线绘制和整饰。

8.整理成果。提交地形图测绘成果。

五、注意事项

1.作业前做好准备工作,检查接收机电池电量是否充足。

2.草图绘制要遵循清晰、易读、相对位置准确的原则。

3.要熟悉相关地形图图式规范及其要求。

4.基准站应架设在视野开阔、视场高度角15°以内没有障碍物的已知点上,并且基准站尽量架设在高处,以使基准站发射的信号能被移动站接收到。

5.确保基准站和移动站的差分格式和电台频道是相同的。

6.RTK 实训场地不大,基准站和移动站间的距离很短,测量目标点的时候要注意随时查看是不是固定解,误差是否足够小、满足精度要求。只保留固定解的记录。

7.熟悉地形图绘制软件的使用。电子地形图要按要求整饰,并提交成果。

六、实训记录

在实训任务实施过程中,请填写表15-2。

地形图测绘草图 表 15-2

组别:_____ 观测者:_____ 记录/绘图者:_____ 日期:_____年___月___日

七、评价反馈

完成实训任务后,请完成小组学生自评表和指导教师评价表,见表 15-3 和表 15-4。

小组学生自评表 表 15-3

任务名称				小组号	
序号	检查项目	分值	要求		自我评分
1	任务完成情况	40	按要求按时完成实训任务		
2	实训记录	20	记录规范、完整		
3	实训纪律	15	不在实训场地打闹,无事故发生		
4	团队合作	15	服从组长安排且小组成员间配合好		
5	规范使用仪器设备	10	爱护仪器设备,并能规范使用		
自我评分合计					

评价与反思:

组长:

指导教师评价表　　　　　　　　　　　　　　表 15-4

序号	评价内容	分值	要求	教师评分
1	仪器操作规范性	20	规范使用仪器,无违规操作	
2	记录规范性	20	记录规范、草图绘制完整、清晰、准确	
3	成果精度	40	精度满足要求,并在规定时间内完成	
4	仪器设备归位	10	仪器设备摆放整齐,无损坏或遗失	
5	实训态度	10	态度认真,提前完成课前相关实训准备	
教师评分合计				

评价与建议:

指导教师:

八、课后拓展

请实训课后完成以下测试题。

1. 基准站应可以架设在任意位置。(　　　)(填写"√"或"×")

2. 移动站和基准站的数据链设置要保持一致。(　　　)(填写"√"或"×")

3. 求解坐标转换参数时,四参数需要采集至少_____个已知点,七参数需要采集至少_____个已知点。

任务工单 16　单圆曲线的主点测设

班级：_____　小组号：_____　组长姓名（学号）：_____

组员姓名（学号）：_____

一、任务目标

1. 掌握单圆曲线曲线要素以及主点坐标计算方法。
2. 能计算曲线四要素和主点里程，并使用全站仪进行主点测设。

二、实训任务

如图 16-1 所示，已知圆曲线的半径 $R = 100$m，转角 $\alpha = 18°36'48''$，交点 JD 里程为 K10 + 110.883m。

说明：考虑实训场地较小，所以采用假设数据。

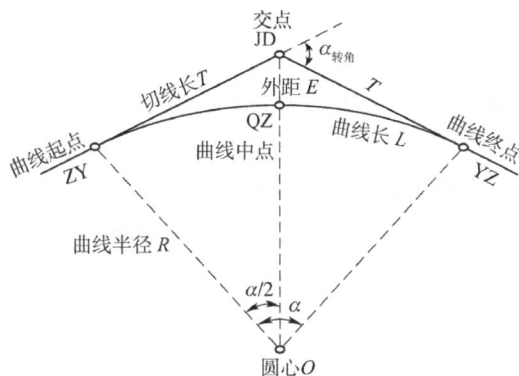

图 16-1　圆曲线主点示意图

每组将圆曲线主点 ZY、QZ、YZ 点测设在地面上。填写表 16-1。小组每人轮流进行，每人完成 1 个主点的测设。

任务分工表　　　　　　　　　　　　　　表 16-1

序号	观测员	记录员、计算员	司镜员	示意图

三、仪器设备

每组配带脚架全站仪 1 台、带脚架棱镜 1 个、测杆棱镜 1 个、木桩若干或马克笔 1 支、记录板 1 块、测伞 1 把、铅笔 1 支等。

四、操作步骤

1. 根据 $R = 100\text{m}$，转角 $\alpha = 18°36'48''$，计算出圆曲线四要素。

2. 根据交点 JD 里程 K10 + 110.883m，计算出圆曲线主点里程。然后用 JD 里程进行检验。

3. 在室外选择一块大小适合的空旷场地，根据计算出的曲线要素进行实训。在地面确定出交点 JD 及起始方向 JD→ZY。

4. 主点测设。在 JD 架设仪器→瞄准 ZY 方向→放样水平距离 T 得到 ZY 点位置，望远镜旋转 $\alpha = 18°36'48''$，到 YZ 方向放样水平距离 T 得到 YZ 点，再计算出圆心 O 方向的水平角，望远镜旋转到 O 方向放样水平距离 E 得到 QZ。将测设出来的主点 ZY、QZ、YZ 在地面标识出来。

五、注意事项

1. 选择场地时，要先根据计算出的曲线要素大致选择一块足够大的场地，再根据点位的相对关系，选定 JD 桩位。

2. 最初的 ZY 点方向不是固定的，可以根据场地情况确定。

3. 全站仪水平距离放样时，要先把测杆棱镜放在视线方向上，距离是估计的，然后测距，并用小钢尺调整棱镜位置，直到距离偏差为 0.000m 后定点。

4. 切线长度要进行 2 次测量，其相对误差不超过 1/2000，取平均值确定位置。

六、实训记录

在实训任务实施过程中，请填写表 16-2。

单圆曲线主点测设记录手簿　　　　　　　　　　　　　　　　表 16-2

组别：_____　　观测者：_____　　记录者：_____　　日期：_____年____月____日

已知元素	曲线要素	主点里程
偏角 $\alpha =$	切线长 $T = R \cdot \tan\dfrac{\alpha}{2} =$	ZY 里程 = JD 里程 $- T =$
圆曲线半径 $R = 100\text{m}$	曲线长 $L = R \cdot \alpha \cdot \dfrac{\pi}{180°} =$	YZ 里程 = ZY 里程 $+ L =$
JD 里程	外矢距 $E = R\left(\sec\dfrac{\alpha}{2} - 1\right) =$	QZ 里程 = YZ 里程 $- \dfrac{L}{2} =$
	切曲差 $D = 2T - L =$	JD 里程 = QZ 里程 $+ \dfrac{D}{2}$（校核）$=$
备注：		

七、评价反馈

完成实训任务后,请完成小组学生自评表和指导教师评价表,见表16-3和表16-4。

小组学生自评表 表16-3

任务名称				小组号	
序号	检查项目	分值	要求		自我评分
1	任务完成情况	40	按要求按时完成实训任务		
2	实训记录	20	记录规范、完整		
3	实训纪律	15	不在实训场地打闹,无事故发生		
4	团队合作	15	服从组长安排且小组成员间配合好		
5	规范使用仪器设备	10	爱护仪器设备,并能规范使用		
自我评分合计					
评价与反思:					
组长:					

指导教师评价表 表16-4

序号	评价内容	分值	要求	教师评分
1	仪器操作规范性	20	规范使用仪器,无违规操作	
2	记录规范性	20	规范记录数据,规范划改,手簿整洁	
3	成果精度	40	精度满足要求,并在规定时间内完成	
4	仪器设备归位	10	仪器设备摆放整齐,无损坏或遗失	
5	实训态度	10	态度认真,提前完成课前相关实训准备	
教师评分合计				
评价与建议:				
指导教师:				

八、课后拓展

请实训课后完成以下测试题。

1. 当交点 JD 不能置镜时,如何测设单圆曲线主点?

2. 简述利用全站仪极坐标法测设圆曲线主点的流程。

任务工单 17　单圆曲线的详细测设

班级：_____　小组号：_____　组长姓名(学号)：_____

组员姓名(学号)：_____

一、任务目标

1. 能理解单圆曲线详细测设的桩点(主点桩和详细桩)的坐标计算方法。
2. 能使用全站仪根据桩点(主点桩和详细桩)的坐标,完成主点桩和详细桩的测设。
3. 熟悉国家、行业测量规范,掌握测量规范中的技术要求。

二、实训任务

已知圆曲线的左转向角 α、圆曲线半径 R、交点 JD 里程、交点 JD 坐标(X_{JD}，Y_{JD})及 JD 与 ZY 点所在切线的坐标方位角 α_{JZ},计算曲线要素、各主点里程以及细部点的坐标(按照 20m 设点),并将其在地面上放样出来。每人完成 1 个细部点的测设。填写表 17-1。

任务分工表

表 17-1

序号	观测员	记录员、计算员	司镜员	示意图

三、仪器设备

每组配带脚架的全站仪 1 台、带脚架棱镜 1 个、测杆棱镜 1 个、木桩若干或马克笔 1 支、记录板 1 块、测伞 1 把、铅笔 1 支等。

四、操作步骤

1. 根据给定的圆曲线的转向角 α、圆曲线半径 R,计算出圆曲线四要素。
2. 根据给定的 JD 里程,计算 ZY 点、QZ 点、YZ 点的里程。然后用 JD 里程进行检核。
3. 计算 ZY 点坐标(X_{ZY}、Y_{ZY})。

$$X_{ZY} = X_{JD} + T\cos\alpha_{JZ}$$
$$Y_{ZY} = Y_{JD} + T\sin\alpha_{JZ}$$

4.计算圆心 O 点的坐标。

ZY 点与圆心 O 点的坐标方位角：$\alpha_{ZO} = \alpha_{JZ} + 90°$

则：
$$X_O = X_{ZY} + R\cos\alpha_{ZO}$$
$$Y_O = Y_{ZY} + R\sin\alpha_{ZO}$$

5.计算圆心 O 点至各测设细部点的方位角。

$$\varphi_i = \frac{(l_i - l_A) \times 180°}{\pi R} \qquad (°)$$

$$\alpha_i = (\alpha_{ZO} + 180°) + \varphi_i$$

式中：l_i——待测点里程；

　　l_A——ZY 点或 YZ 点的里程；

　　φ_i——l_i 所对的圆心角。

6.计算待测设桩点的坐标。

$$X_i = X_O + R\cos\alpha_i$$
$$Y_i = Y_O + R\sin\alpha_i$$

7.在已知控制点上安置全站仪，在另一个已知控制点上安置棱镜。输入测站点和后视点坐标，进行后视定向。

8.进入全站仪放样界面，输入测设点坐标，根据角度差和距离差移动棱镜，当在界面上显示的放样平距在限差范围之内，棱镜所在位置即为待测设的桩点。

五、注意事项

1.方位角的计算要正确，桩号坐标的计算要正确。

2.后视定向输入要正确。

六、实训记录

在实训任务实施过程中，请填写表 17-2、表 17-3。

单圆曲线详细测设中桩点坐标计算表　　　　　　　　　　表 17-2

组别：_____　　观测者：_____　　记录者：_____　　日期：_____年____月____日

桩号	里程	中桩点对应圆心角 Φ_i (° ′ ″)	圆心与中桩点所在直线的方位角 α_i (° ′ ″)	坐标(m)	
				X	Y

续上表

切线长 $T = R \cdot \tan \dfrac{\alpha}{2} =$

曲线长 $L = R \cdot \alpha \cdot \dfrac{\pi}{180°} =$

外矢距 $E = R\left(\sec \dfrac{\alpha}{2} - 1\right) =$

切曲差 $D = 2T - L =$

ZY 里程 $=$ JD 里程 $- T =$

YZ 里程 $=$ ZY 里程 $+ L =$

QZ 里程 $=$ YZ 里程 $- \dfrac{L}{2} =$

JD 里程 $=$ QZ 里程 $+ \dfrac{D}{2}$（校核）$=$

ZY 点与圆心 O 点的坐标方位角：$\alpha_{ZO} = \alpha_{JZ} + 90° =$

计算圆心 O 点的坐标

$X_O = X_{ZY} + R\cos\alpha_{ZO} =$

$Y_O = Y_{ZY} + R\sin\alpha_{ZO} =$

单圆曲线详细测设精度检核记录表 表 17-3

组别：_____ 观测者：_____ 记录者：_____ 日期：_____年____月____日

放样点位	X 坐标(m)			Y 坐标(m)			点位偏差 ΔD(mm)
	实测值	理论值	误差 ΔX	实测值	理论值	误差 ΔY	$\Delta D = \sqrt{\Delta X^2 + \Delta Y^2}$

七、评价反馈

完成实训任务后,请完成小组学生自评表和指导教师评价表,见表17-4和表17-5。

小组学生自评表

表 17-4

任务名称					小组号	
序号	检查项目	分值		要求		自我评分
1	任务完成情况	40		按要求按时完成实训任务		
2	实训记录	20		记录规范、完整		
3	实训纪律	15		不在实训场地打闹,无事故发生		
4	团队合作	15		服从组长安排且小组成员间配合好		
5	规范使用仪器设备	10		爱护仪器设备,并能规范使用		
		自我评分合计				
评价与反思:						
组长:						

指导教师评价表

表 17-5

序号	评价内容	分值		要求		教师评分
1	仪器操作规范性	20		规范使用仪器,无违规操作		
2	记录规范性	20		规范记录数据,规范划改,手簿整洁		
3	成果精度	40		精度满足要求,并在规定时间内完成		
4	仪器设备归位	10		仪器设备摆放整齐,无损坏或遗失		
5	实训态度	10		态度认真,提前完成课前相关实训准备		
		教师评分合计				
评价与建议:						
指导教师:						

八、课后拓展

请实训课后完成以下测试题。

1. 点位坐标计算有各种不同的方法，除了本次实训中的方法，你认为还能采用什么方法计算出桩点的坐标？请写出你的计算思路。

2. 本次实训中计算量较大，如何利用 Excel 软件或工程计算器来提高计算的准确度和效率？

任务工单 18　加缓和曲线后曲线主点的测设

班级：_____　小组号：_____　组长姓名(学号)：_____

组员姓名(学号)：_____

一、任务目标

1. 理解完整的线路曲线的构成是直线 + 缓和曲线 + 圆曲线 + 缓和曲线 + 直线。
2. 掌握加缓和曲线后曲线要素以及主点坐标计算方法。
3. 能计算曲线要素和主点里程，并能使用全站仪进行主点的测设。

二、实训任务

如图 18-1 所示，已知某线路交点 JD 桩号为 K0 + 518.66，右转角 $\alpha_y = 18°36'00''$，圆曲线半径 $R = 100\text{m}$，缓和曲线长 $l_0 = 10\text{m}$。每组放样出缓和曲线主点 ZH、HY、QZ、YH、HZ 共 5 个桩。

说明：考虑实训场地较小，采用的是假设数据。

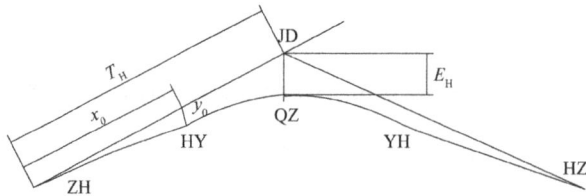

图 18-1　缓和曲线主点示意图

每组将 5 个主点测设在地面上。填写表 18-1。小组每人轮流进行，每人完成 1 个主点的测设。

任务分工表　　　　　　　　　　　　　　　　　　　表 18-1

序号	观测员	记录员、计算员	司镜员	示意图

三、仪器设备

每组配带脚架全站仪 1 台、带脚架棱镜 1 个、测杆棱镜 1 个、木桩若干或马克笔 1 支、记录板 1 块、测伞 1 把、铅笔 1 支等。

四、操作步骤

1. 主点测设元素的计算。根据给定的圆曲线的转角 α、圆曲线半径 R、缓和曲线长 l_0 以及 JD 的里程,计算出内移值 p、切线增长值 m、缓和曲线角 β_0。进而计算出切线长 T_H、曲线长 L_H、外矢距 E_H 和切曲差 q。

2. 根据给定的 JD 里程,计算 ZH 点、HY 点、QZ 点、YH 点和 HZ 点的里程。然后用 JD 里程进行检验。

3. 计算 HY 点和 YH 点的坐标,即:以 ZH 点或 HZ 点为坐标原点,X 轴指向 JD 的局部坐标系中的 HY 点或 YH 点的坐标 $(x_0、y_0)$。

4. 主点测设。主点测设方法:架设仪器 JD_i,后视 JD_{i-1},放样水平距离 T_H,得 ZH 点;后视 JD_{i+1},放样水平距离 T_H,得 HZ 点;在分角线方向放样水平距离 E_H,得 QZ 点;再分别在 ZH、HZ 点架设仪器,后视 JD_i 方向,放样水平距离 x_0,将仪器搬至垂足点,后视切线方向,再在此方向垂直方向上放样水平距离 y_0,得 HY 和 YH 点。

五、注意事项

1. 选择场地时,要先根据计算出的曲线要素大致选择一块足够大的场地,再根据点位的相对关系,选定 JD 桩位。

2. 全站仪水平距离放样时,要先把单棱镜放在视线方向上,距离是估计的,然后测距,并用小钢尺调整棱镜位置,直到距离偏差为 0.000m 后定点。

3. 切线长度宜测量 2 次,相对误差不超过 1/2000,取其平均值确定位置;QZ 点宜采用盘左、盘右分中确定位置。

六、实训记录

在实训任务实施过程中,请填写表 18-2。

加缓和曲线后曲线主点测设记录手簿

表 18-2

组别:_____ 观测者:_____ 记录者:_____ 日期:_____年____月____日

已知元素	曲线要素	主点里程	HY(YH)点坐标
转角 α =	$\beta_0 = \dfrac{l_0}{2R} \dfrac{180°}{\pi}$ =	ZH 里程 = JD 里程 − T	$x_0 = l_0 - \dfrac{l_0^3}{40R^2}$ =
圆曲线半径 R =	$p = \dfrac{l_0^2}{24R}$ =	HY 里程 = ZH 里程 + l_0 =	$y_0 = \dfrac{l_0^2}{6R} - \dfrac{l_0^4}{336R^3}$ =
缓和曲线长 l_0 =	$m = \dfrac{l_0}{2} - \dfrac{l_0^3}{240R^2}$ =	QZ 里程 = ZH 里程 + $\dfrac{L}{2}$ =	
JD 里程 =	$T_H = (R+p)\tan\dfrac{\alpha}{2} + m$ =	HZ 里程 = ZH 里程 + L =	
	$L_H = R(\alpha - 2\beta_0)\dfrac{\pi}{180°} + 2l_0$ =	YH 里程 = HZ 里程 − l_0 =	

续上表

已知元素	曲线要素	主点里程	HY(YH)点坐标
	$E_H = (R+p)\sec\dfrac{\alpha}{2} - R =$		
	$q = 2T_H - L_H =$		
备注:			

七、评价反馈

完成实训任务后,请完成小组学生自评表和指导教师评价表,见表18-3和表18-4。

小组学生自评表　　　　　　　　　　　　　　　　表18-3

任务名称					小组号
序号	检查项目	分值	要求		自我评分
1	任务完成情况	40	按要求按时完成实训任务		
2	实训记录	20	记录规范、完整		
3	实训纪律	15	不在实训场地打闹,无事故发生		
4	团队合作	15	服从组长安排且小组成员间配合好		
5	规范使用仪器设备	10	爱护仪器设备,并能规范使用		
		自我评分合计			
评价与反思:					
组长:					

指导教师评价表 表18-4

序号	评价内容	分值	要求	教师评分
1	仪器操作规范性	20	规范使用仪器,无违规操作	
2	记录规范性	20	规范记录数据,规范划改,手簿整洁	
3	成果精度	40	精度满足要求,并在规定时间内完成	
4	仪器设备归位	10	仪器设备摆放整齐,无损坏或遗失	
5	实训态度	10	态度认真,提前完成课前相关实训准备	
教师评分合计				
评价与建议:				
指导教师:				

八、课后拓展

请实训课后完成以下测试题。

1. 简述加缓和曲线后曲线主点的测设方法。

2. 本任务工单中使用了"ZH 点或 HZ 点为坐标原点,X 轴指向 JD 的局部坐标系坐标",请简述若使用线路平面控制点,如何使用坐标法测设曲线主点?

任务工单 19　加缓和曲线后曲线的详细测设

班级：_____　小组号：_____　组长姓名(学号)：_____

组员姓名(学号)：_____

一、任务目标

1. 掌握加缓和曲线后曲线的要素计算以及详细桩号的坐标计算方法。
2. 掌握使用全站仪进行加缓和曲线后曲线的详细桩号的测设。
3. 熟悉行业测量规范以及规范中的技术要求。

二、实训任务

设已知某线路交点 JD 桩号为 K10 + 518.66，左转角 $\alpha_z = 18°36'00''$，圆曲线半径 $R = 100\text{m}$，缓和曲线长 $l_0 = 10\text{m}$，JD 点坐标(2000.000,4000.000)以及 JD 点与 ZH 点所在切线的坐标方位角 α 为 290°30'00''。如图 19-1 所示，试测设主点桩 ZH、HY、QZ、YH、HZ 以及详细桩 K0 + 520、K0 + 530。

说明：考虑实习场地较小，采用的是假设数据。

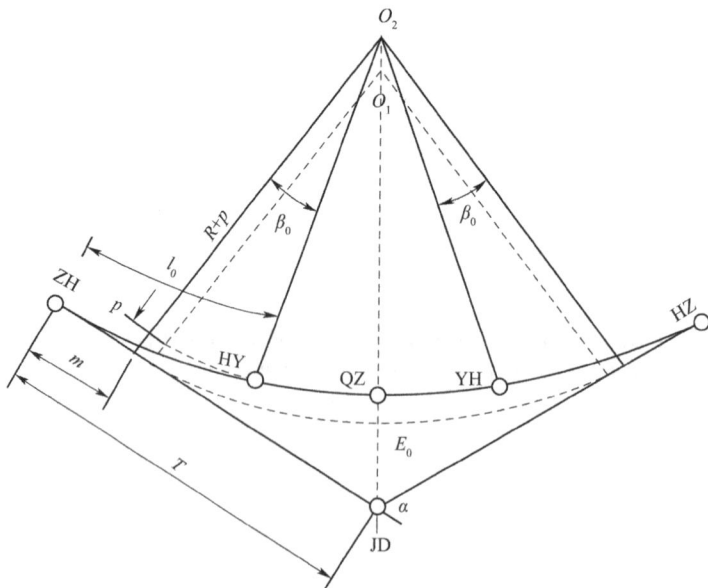

图 19-1　加缓和曲线的曲线要素

每组将 7 个中桩(5 个主点桩、2 个详细中桩)测设在地面上。填写表 19-1。小组每人轮流进行，每人至少完成 1 个中桩的测设。

任务分工表　　　　　　　　　　　表 19-1

序号	观测员	记录员、计算员	司镜员	示意图

三、仪器设备

每组配带脚架全站仪 1 台、带脚架棱镜 1 个、测杆棱镜 1 个、木桩若干或马克笔 1 支、记录板 1 块、测伞 1 把、铅笔 1 支等。

四、操作步骤

1. 根据曲线转向角 α_Z、圆曲线半径 R、缓和曲线长度 l_0，计算曲线要素。

2. 根据 JD 里程，计算 ZH、HY、QZ、YH、HZ 点的里程。

3. 计算 ZH、HZ 点坐标。

$$X_{ZH} = X_{JD} + T\cos\alpha_{JD-ZH}$$
$$Y_{ZH} = Y_{JD} + T\sin\alpha_{JD-ZH}$$
$$X_{HZ} = X_{JD} + T\cos\alpha_{JD-HZ}$$
$$Y_{HZ} = Y_{JD} + T\sin\alpha_{JD-HZ}$$

4. 计算缓和曲线部分坐标。

$$x_i = l - \frac{l^5}{40R^2 l_0^2}$$
$$y_i = \frac{l^3}{6Rl_0} - \frac{l^7}{336R^3 l_0^3}$$
$$\alpha_{Z_i} = \alpha_{ZH-JD} \pm \arctan\left(\frac{y}{x}\right)$$
$$D = \sqrt{x_i^2 + y_i^2}$$
$$X_i = X_{ZH} + D\cos\alpha_{Z_i}$$
$$Y_i = Y_{ZH} + D\sin\alpha_{Z_i}$$

5. 计算圆曲线部分坐标。

$$\varphi = \frac{(l - l_0) \times 180°}{\pi R} + \beta_0$$
$$x_i = R\sin\varphi + m$$
$$y_i = R(1 - \cos\varphi) + p$$
$$\alpha_{Z_i} = \alpha_{ZH-JD} \pm \arctan\left(\frac{y}{x}\right)$$
$$D = \sqrt{x_i^2 + y_i^2}$$
$$X_i = X_{ZH} + D\cos\alpha_{Z_i}$$

$$Y_i = Y_{ZH} + D\sin\alpha_{Z_i}$$

6. 在已知控制点上安置全站仪,在另一个已知控制点上安置棱镜。输入测站点和后视点坐标,进行后视定向。

7. 进入全站仪放样界面,输入测设点坐标,根据角度差和距离差移动棱镜,当在界面上显示的放样平距在限差范围之内,棱镜所在位置即为待测设的细部点。

五、注意事项

1. 正确计算 ZH 点在统一坐标系中的坐标。
2. 曲线位于切线的左侧(右侧)坐标计算的公式不一样。

六、实训记录

在实训任务实施过程中,请填写表 19-2 ~ 表 19-4。

加缓和曲线后曲线要素计算表　　　　　　　　　　　表 19-2

组别:_____　观测者:_____　记录者:_____　日期:_____年____月____日

已知元素	曲线要素	主点里程
转角 α =	$\beta_0 = \dfrac{l_0}{2R}\dfrac{180°}{\pi}$ =	ZH 里程 = JD 里程 $- T$ =
圆曲线半径 R =	$m = \dfrac{l_0}{2} - \dfrac{l_0^3}{240R^2}$ =	HY 里程 = ZH 里程 $+ l_0$ =
缓和曲线长 l_0 =	$P = \dfrac{l_0^2}{24R}$ =	QZ 里程 = ZH 里程 $+ \dfrac{L}{2}$ =
JD 里程 =	$T = (R+P)\tan\dfrac{\alpha}{2} + m$ =	HZ 里程 = ZH 里程 $+ L$ =
—	$L = 2l_0 + \dfrac{\pi R(\alpha - 2\beta)}{180°}$ =	YH 里程 = HZ 里程 $- l_0$ =
—	$E_0 = (R+P)\sec\dfrac{\alpha}{2} - R$ =	—
—	$q = 2T - L$	—

加缓和曲线后曲线中桩坐标计算表　　　　　　　　　　　表 19-3

组别:_____　观测者:_____　记录者:_____　日期:_____年____月____日

桩号	里程	统一坐标系的坐标(m)	
		X	Y

加缓和曲线后曲线详细测设精度检核记录表 表 19-4

组别：_____ 观测者：_____ 记录者：_____ 日期：_____年____月____日

放样桩号	X 坐标(m)			Y 坐标(m)			点位偏差 ΔD(mm)
	实测值	理论值	误差 ΔX	实测值	理论值	误差 ΔY	$\Delta D = \sqrt{\Delta X^2 + \Delta Y^2}$

七、评价反馈

实训任务完成后，请完成小组学生自评表和指导教师评价表，见表 19-5 和表 19-6。

小组学生自评表 表 19-5

任务名称					小组号	
序号	检查项目	分值		要求		自我评分
1	任务完成情况	40		按要求按时完成实训任务		
2	实训记录	20		记录规范、完整		
3	实训纪律	15		不在实训场地打闹，无事故发生		
4	团队合作	15		服从组长安排且小组成员间配合好		
5	规范使用仪器设备	10		爱护仪器设备，并能规范使用		
		自我评分合计				

评价与反思：

组长：

指导教师评价表 表 19-6

序号	评价内容	分值	要求	教师评分
1	仪器操作规范性	20	规范使用仪器,无违规操作	
2	记录规范性	20	规范记录数据,规范划改,手簿整洁	
3	成果精度	40	精度满足要求,并在规定时间内完成	
4	仪器设备归位	10	仪器设备摆放整齐,无损坏或遗失	
5	实训态度	10	态度认真,提前完成课前相关实训准备	
教师评分合计				

评价与建议:

指导教师:

八、课后拓展

请实训课后完成以下测试题。

1. 线路左偏和右偏,计算坐标时公式有何不同?

2. 本次实训计算量较大,宜在电脑上使用 Excel 软件或可编程计算器。请阐述使用 Excel 软件是如何操作的?

任务工单 20　线路纵横断面测量（全站仪法）

班级：＿＿＿＿＿＿＿　小组号：＿＿＿＿＿＿＿　组长姓名（学号）：＿＿＿＿＿＿＿

组员姓名（学号）：＿＿＿＿＿＿＿＿＿＿＿＿＿＿＿＿＿＿＿＿＿＿＿＿＿＿＿

一、任务目标

1. 理解纵断面测量和横断面测量的内涵。
2. 掌握使用全站仪进行线路纵断面、横断面测量的方法。

二、实训任务

如图 20-1 所示，每组完成约 100m 长的线路的纵断面测量及 2 个横断面 K0＋020、K0＋060 的测量任务。

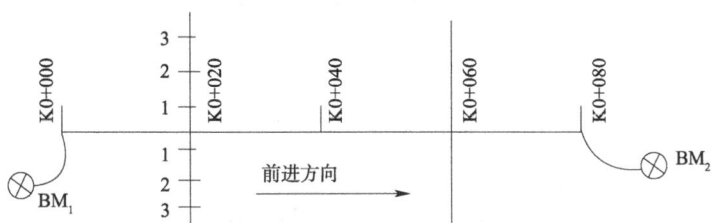

图 20-1　纵横断面测量示意图

填写表 20-1。小组每人轮流进行，每人完成至少 1 个纵断面点和 1 个横断面点的测量。

任务分工表　　　　　　　　　　　　　　　　　　　　表 20-1

序号	观测员	记录员、计算员	司镜员	示意图

三、仪器设备

每组配带脚架全站仪 1 台、带脚架棱镜 1 个、测杆棱镜 1 个、记录板 1 块、小钢尺 1 把、测伞 1 把、铅笔 1 支等。

四、操作步骤

1. 在 BM₁ 上架设全站仪,量取仪器高,依次在 K0 +000、K0 +020、K0 +040、K0 +060、K0 + 080 中立测杆棱镜,用全站仪三角高程法测出纵断面上各中桩的高程。

2. 若不通视,可进行转站,依次测出各中桩的高程,并测出 BM₂ 的高程,以进行检核。

3. 在 K0 +020 上架设全站仪,量取仪器高,依次在其横断面上分左右两侧测量变坡点 1、2、3 点的高程。

五、注意事项

1. 线路纵断面、横断面测量的顺序是先进行纵断面测量,才能在此基础上开展横断面测量。

2. 横断面测量要注意前进的方向及前进方向的左右。

六、实训记录

在实训任务实施过程中,请填写表 20-2、表 20-3。

全站仪纵断面测量记录表   表 20-2

日期:_____年___月___日　天气:_____　仪器型号:_____　组号:_____

观测者:_____　记录者:_____　立棱镜者:_____

已知:测站点_____的高程 H = _____ m。

量得:测站仪器高 = _____ m,前视点_____的棱镜高 = _____ m。

桩号或转点名称	高程 H(m)	桩号或转点名称	高程 H(m)

全站仪横断面测量记录表 表 20-3

日期：_____年____月____日 天气：_____ 仪器型号：_____ 组号：_____

观测者：_____ 记录者：_____ 立棱镜者：_____

已知：测站点_____的高程 $H =$ _____m。

量得：测站仪器高 = _____m，前视点_____的棱镜高 = _____m。

左侧（单位：m）	桩号	右侧（单位：m）
… … … $\dfrac{高程}{至桩点平距}$		$\dfrac{高程}{至桩点平距}$ … … … …

七、评价反馈

完成实训任务后，请完成小组学生自评表和指导教师评价表，见表 20-4 和表 20-5。

小组学生自评表 表 20-4

任务名称					小组号	
序号	检查项目	分值	要求			自我评分
1	任务完成情况	40	按要求按时完成实训任务			
2	实训记录	20	记录规范、完整			
3	实训纪律	15	不在实训场地打闹，无事故发生			
4	团队合作	15	服从组长安排且小组成员间配合好			
5	规范使用仪器设备	10	爱护仪器设备，并能规范使用			
自我评分合计						
评价与反思：						
组长：						

指导教师评价表 表 20-5

序号	评价内容	分值	要求	教师评分
1	仪器操作规范性	20	规范使用仪器,无违规操作	
2	记录规范性	20	规范记录数据,规范划改,手簿整洁	
3	成果精度	40	精度满足要求,并在规定时间内完成	
4	仪器设备归位	10	仪器设备摆放整齐,无损坏或遗失	
5	实训态度	10	态度认真,提前完成课前相关实训准备	
教师评分合计				

评价与建议:

指导教师:

八、课后拓展

请实训课后完成以下测试题。

1. 线路纵横断面测量后,如何将数据转化成线路的纵断面图和横断面图?

2. 简述全站仪法线路纵断面测量与水准仪法线路纵断面测量有什么区别。

任务工单 21 高铁 CPⅢ平面控制测量

班级：_____ 小组号：_____ 组长姓名(学号)：_____

组员姓名(学号)：_____

一、任务目标

1. 熟悉国家、高铁行业测量规范，熟悉测量规范中的技术要求。
2. 掌握高铁 CPⅢ平面控制测量的网形设计。
3. 能使用高精度全站仪进行 CPⅢ平面控制测量的观测、记录和计算。

二、实训任务

以小组为单位分工合作，采用高精度全站仪自由测站边角交会法，完成高铁 CPⅢ平面控制网的布设、外业观测和数据处理。填写表 21-1。小组每人轮流进行，每人至少完成 1 个测站的自由测站边角交会的测量任务。

任务分工表   表 21-1

序号	观测员	记录员、计算员	司镜员	数据处理员	示意图

三、仪器设备

每组配高精度(测角精度≤1″、测距精度≤1mm + 2 × 10⁻⁶)自动观测全站仪 1 套、专用的棱镜组件(棱镜杆 + 棱镜)8 套、记录板 1 块、铅笔 1 支、专用数据处理软件 1 套。

四、操作步骤

1. 技术要求。依据《城市轨道交通工程测量规范》(GB/T 50308—2017)，相关技术要求见表 21-2 ~ 表 21-6。

水平方向观测技术要求　　表 21-2

控制网名称	仪器等级	测回数	半测回归零差	一测回内 2c 互差	同一方向值各测回互差
任意设站控制网	0.5″	2	6″	9″	6″
	1″	3	6″	9″	6″

距离观测技术要求　　表 21-3

控制网名称	测回数	半测回间距离较差	测回间距离较差
任意设站控制网	≥2	±1mm	±1mm

自由网平差后的主要技术要求　　表 21-4

控制网名称	方向改正数	方向改正数
任意设站控制网	±3″	±2mm

约束网平差后的主要技术要求　　表 21-5

控制网名称	与起算点联测		控制点联测		方向观测中误差	距离观测中误差	点位中误差	相邻点相对点位中误差
	方向改正数	距离改正数	方向改正数	距离改正数				
任意设站控制网	±4.0″	±4mm	±3.0″	±2mm	±1.8″	±1mm	±3mm	±1mm

平差计算取位　　表 21-6

控制网名称	水平方向观测值	水平距离观测值	方向改正数	距离改正数	点位中误差	点位坐标
任意设站控制网	0.1″	0.1mm	0.01mm	0.01mm	0.01mm	0.1mm

2. 点位布设。

(1) CPⅢ控制点应选在结构稳定、高度合适、便于测量的地方。

(2) CPⅢ控制点应成对布设在线路旁稳固的墩台上或隧道侧墙上,一般约高于轨道面 1.2m。

(3) CPⅢ控制点的预埋件应在控制网测量前埋设。

(4) CPⅢ控制点按照公里数递增进行编号。线路里程增加方向轨道左侧编号为奇数,里程增加方向轨道右侧编号为偶数,并清晰在现场标注。

3. 外业观测。

(1) CPⅢ平面控制网采用自由测站边角交会的方法测量,每个自由测站观测 4 对控制点,测站间重复观测 3 对控制点。每个控制点有 4 个自由测站的方向和距离观测量,如图 21-1 所示。

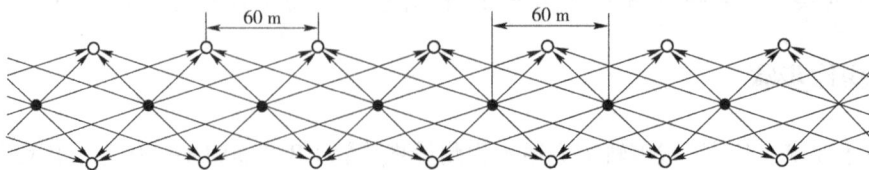

图 21-1　轨道平面控制测量方法示意图

(2)水平方向采用全圆方向观测法进行观测,水平方向观测应满足技术规定。

(3)距离观测采用多测回观测,同时观测温度和气压,温度读数精确至 0.2℃,气压读数精确至 0.5hPa。

(4)可根据施工需要分段测量,分段测量的区段长度不宜小于一个区间,区段间重复观测不应少于 3 对控制点。

4. 内业计算。

下载数据,导入专用数据处理软件。先进行独立自由网平差,再进行约束平差。

五、注意事项

1. 夜间观测应注意避开强光源对观测的影响。
2. 安放棱镜组件时,应将预埋件内的杂物清理干净。

六、实训记录

1. 在实训外业实施过程中,填写表 21-7。

CPⅢ平面控制测量自由测站测量记录　　　　表 21-7

日期:_____年____月____日　天气:_____　仪器型号:_____　组别:_____

线路:_____　第____页　共____页

自由测站点编号		温度		天气	
CPⅢ点编号	备注	CPⅢ点编号		备注	

说明:将自由测站点和 CPⅢ点的编号标记于图 21-2 上。每一测站对应填写一张表格。

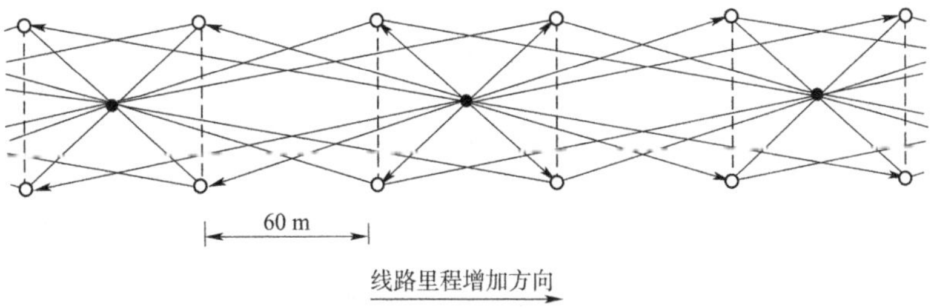

图 21-2　自由测站、CPⅢ点编号示意图

2. 使用专用数据处理软件,进行数据解算后,填写表21-8。

CPⅢ平面控制测量自由测站测量数据解算成果表　　　　表21-8

序号	CPⅢ点编号	坐标(m)		点位误差(mm)		
		X	Y	M_X	M_Y	M_P

七、评价反馈

完成实训任务后,请完成小组学生自评表和指导教师评价表,见表21-9和表21-10。

小组学生自评表　　　　表21-9

任务名称				小组号	
序号	检查项目	分值	要求		自我评分
1	任务完成情况	40	按要求按时完成实训任务		
2	实训记录	20	记录规范、完整		
3	实训纪律	15	不在实训场地打闹,无事故发生		
4	团队合作	15	服从组长安排且小组成员间配合好		
5	规范使用仪器设备	10	爱护仪器设备,并能规范使用		
		自我评分合计			

评价与反思:

组长:

指导教师评价表　　　　　　　　　　　　　　　　表 21-10

序号	评价内容	分值	要求	教师评分
1	仪器操作规范性	20	规范使用仪器,无违规操作	
2	记录规范性	20	规范记录数据,规范划改,手簿整洁	
3	成果精度	40	精度满足要求,并在规定时间内完成	
4	仪器设备归位	10	仪器设备摆放整齐,无损坏或遗失	
5	实训态度	10	态度认真,提前完成课前相关实训准备	
教师评分合计				

评价与建议:

指导教师:

八、课后拓展

请实训课后完成以下测试题。

1.CPⅢ平面控制测量自由测站测量所采用的全站仪与普通全站仪相比,有什么不同的要求?

2.请简要阐述 CPⅢ平面控制测量自由测站测量内业计算的步骤。

任务工单 22　高铁 CPⅢ 高程控制测量

班级：_____　小组号：_____　组长姓名（学号）：_____

组员姓名（学号）：_____

一、任务目标

1. 熟悉国家、高铁行业测量规范，熟悉测量规范中的技术要求。
2. 掌握高铁 CPⅢ 高程控制测量的网形设计。
3. 能使用高精度数字水准仪进行 CPⅢ 高程控制测量的观测、记录和计算。

二、实训任务

以小组为单位分工合作，采用矩形法水准路线测量，完成高铁 CPⅢ 高程控制网的布设、外业观测和数据处理。填写表 22-1。小组每人轮流进行，每人至少完成 2 个测站的精密水准测量任务。

任务分工表　　　　　　　　　　　　表 22-1

序号	观测员	记录员、计算员	立尺员	数据处理员	示意图

三、仪器设备

每组配高精度（每千米高差偶然中误差 $M_\Delta \leqslant 2mm$）数字水准仪 1 套、条码水准尺 1 对、记录板 1 块、铅笔 1 支、专用数据处理软件 1 套。

四、操作步骤

1. 技术要求。依据《城市轨道交通工程测量规范》（GB/T 50308—2017），相关技术要求见表 22-2 ~ 表 22-4。

水准测量技术要求　　　　表 22-2

水准测量等级	每千米高差中数中误差（mm）		环线或附合水准路线最大长度（km）	水准仪等级	水准尺	观测次数		检测已测段高差之差（mm）	往返较差、附合或环线闭合差（mm）	左右路线高差不符值（mm）
	偶然中误差 $M_\triangle$	全中误差 M_W				与已知点联测	附合或环线			
二等	±2	±4	40	DS$_1$	因瓦或条码尺	往返测各一次	往返测各一次	$\pm 8\sqrt{L}$	$\pm 8\sqrt{L}$	$\pm 6\sqrt{L}$

注：L 为往返测段、附合或环线的水准路线长度，单位 km。

水准测量观测的视线长度、视距差、视线高度要求　　　　表 22-3

等级	视线长度		水准仪类型	前后视距差（m）	前后视距累计差（m）	视线高度（m）
	仪器等级	视距				
二等	DS$_1$	≤60	光学水准仪	≤2.0	≤4.0	下丝读数≥0.3
			数字水准仪	≤2.0	≤4.0	≥0.55 且≤2.8

水准测量测站观测限差　　　　表 22-4

等级	上下丝读数平均值与中丝读数之差（mm）	基、辅分划读数之差（mm）	基、辅分划所测高差之差（mm）	检测间歇点高差之差（mm）
二等	3.0	0.5	0.7	2.0

2. 点位布设。

CPⅢ控制点，既是水平控制点，又是高程控制点，两者是重合的。

（1）CPⅢ控制点应选在结构稳定、高度合适、便于测量的地方。

（2）CPⅢ控制点应成对布设在线路旁稳固的墩台上或隧道侧墙上，一般约高于轨道面 1.2m。

（3）CPⅢ控制点的预埋件应在控制网测量前埋设。

（4）CPⅢ控制点按照公里数递增进行编号。线路里程增加方向轨道左侧编号为奇数，里程增加方向轨道右侧编号为偶数，并清晰在现场标注。

3. 外业观测。

（1）CPⅢ高程控制网多采用精密水准测量方法，一般采用矩形环水准网形式，每相邻两对控制点之间构成一个闭合环，如图 22-1 所示。

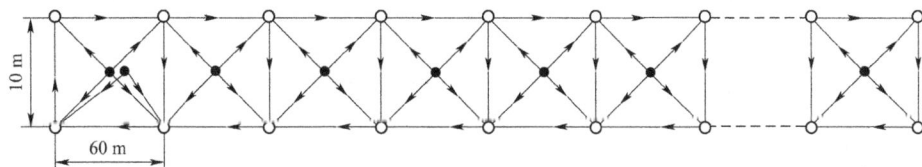

图 22-1　矩形法高程测量示意图

（2）CPⅢ点间采用单程精密水准测量方法，对相邻的 4 个 CPⅢ点构成的闭合环差进行测量，闭合环差不得大于 1mm。

（3）每2km联测一个水准基点，每个区段应至少与3个水准基点进行联测，联测时采用独立往返精密水准测量方法。

4. 高程数据处理。

下载数据，导入专用数据处理软件。先进行水准路线数据的检核，然后以采用联测沿线的二等水准点对其进行约束平差。

五、注意事项

1. 外业测量时，要注意正确使用专用的CPⅢ高程杆，并应将预埋件内的杂物清理干净。

2. 约束平差后，平差后高程中误差不大于±2mm，相邻点高差中误差不大于±1mm，前后区段独立平差重叠点高程差值应≤±3mm。

六、实训记录

若未使用数字精密水准仪/条码尺，而是使用光学精密水准仪/钢瓦尺，则实训外业实施过程中，精密水准测量填写表22-5。另外，在联测沿线二等水准点，采用往返精密水准测量时，还要填写表22-6。

二等水准测量记录手簿　　　　　　　　　　　　　　　　表22-5

日期：_____年____月____日　天气：_____　仪器型号：_____　组别：_____

观测者：_____　记录者：_____　立尺者：_____

测站编号	后距(m)	前距(m)	方向及尺号	标尺读数(m)		两次读数之差 (m)	备注
	视距差(m)	累积视距差(m)		一次	二次		
			后				
			前				
			后-前				
			h				
			后				
			前				
			后-前				
			h				
			后				
			前				
			后-前				
			h				
			后				
			前				
			后-前				
			h				

续上表

测站编号	后距(m)	前距(m)	方向及尺号	标尺读数(m)		两次读数之差 (m)	备注
	视距差(m)	累积视距差(m)		一次	二次		
			后				
			前				
			后-前				
			h				

二等水准测量往返线路计算表 表 22-6

点名	往测		返测		测段				高差 改正数 (mm)	改正后 高差 (m)	高程 (m)
	距离 (km)	高差 (m)	距离 (km)	高差 (m)	平均距离 (km)	往返测 不符值 (mm)	不符值 限差 (mm)	平均高差 (m)			
	—	—	—	—	—	—	—	—	—	—	
	—	—	—	—	—	—	—	—	—	—	
Σ											
计算 校核	已知点稳定性检验： 偶然中误差 $M_\Delta =$ 注：按距离进行闭合差分配。										

七、评价反馈

实训任务完成后,请完成小组学生自评表和指导教师评价表,见表22-7和表22-8。

小组学生自评表　　　　　　　　　　　　　　　表22-7

任务名称				小组号	
序号	检查项目	分值	要求		自我评分
1	任务完成情况	40	按要求按时完成实训任务		
2	实训记录	20	记录规范、完整		
3	实训纪律	15	不在实训场地打闹,无事故发生		
4	团队合作	15	服从组长安排且小组成员间配合好		
5	规范使用仪器设备	10	爱护仪器设备,并能规范使用		
自我评分合计					
评价与反思:					
组长:					

指导教师评价表　　　　　　　　　　　　　　　表22-8

序号	评价内容	分值	要求	教师评分
1	仪器操作规范性	20	规范使用仪器,无违规操作	
2	记录规范性	20	规范记录数据,规范划改,手簿整洁	
3	成果精度	40	精度满足要求,并在规定时间内完成	
4	仪器设备归位	10	仪器设备摆放整齐,无损坏或遗失	
5	实训态度	10	态度认真,提前完成课前相关实训准备	
教师评分合计				
评价与建议:				
指导教师:				

八、课后拓展

请实训课后完成以下测试题。

1. 绘草图说明 CP Ⅲ 高程控制测量矩形环水准网路线的观测步骤。

2. 除了矩形环水准网方法外,CP Ⅲ 高程控制测量还有哪些方法?

参 考 文 献

[1] 王劲松.轨道工程测量[M].2版.北京:人民交通出版社,2024.

[2] 中华人民共和国住房和城乡建设部.工程测量标准:GB 50026—2020[S].北京:中国计划出版社,2021.

[3] 中华人民共和国住房和城乡建设部,中华人民共和国国家质量检验检疫监督局.城市轨道交通工程测量规范:GB/T 50308—2017[S].北京:中国建筑工业出版社,2017.

[4] 国家铁路局.铁路工程测量规范:TB 10101—2018[S].北京:中国铁道出版社,2018.

[5] 国家测绘局.全球定位系统(GPS)测量规范:GB/T 18314—2009[S].北京:中国标准出版社,2009.

[6] 国家测绘局.全球定位系统实时动态测量(RTK)技术规范:CH/T 2009—2010[S].北京:测绘出版社,2010.

[7] 国家测绘地理信息局.国家基本比例尺地图图式 第1部分:1:500 1:1000 1:2000地形图图式:GB/T 20257.1—2017[S].北京:中国标准出版社,2018.